Friedrich Oehninger

Christentum und moderne Weltanschauung

Friedrich Oehninger

Christentum und moderne Weltanschauung

ISBN/EAN: 9783743326118

Hergestellt in Europa, USA, Kanada, Australien, Japan

Cover: Foto ©Lupo / pixelio.de

Manufactured and distributed by brebook publishing software
(www.brebook.com)

Friedrich Oehninger

Christentum und moderne Weltanschauung

Christentum

und

moderne Weltanschauung.

Studien und Kritiken

von

Friedrich Dehninger,
Pfarrer in Laufen am Rheinfall.

Gütersloh.

Druck und Verlag von C. Bertelsmann.

1899.

Inhalt.

I.
Das Ärgernis des Christentums.

Es ist noch nicht lange her, seit der große Däne Kierke=
gaard die christliche Welt überraschte und stutzig machte mit
Schlüssen wie dieser: „Im Neuen Testament stellt der Erlöser
der Welt, unser Herr Jesus Christus, die Sache so vor: Der
Weg, der zum Leben führt, ist schmal, die Pforte enge —
wenige sind, die ihn finden. — Jetzt dahingegen sind wir alle
Christen, der Weg so breit als nur möglich, der breiteste in
Dänemark, da es derjenige ist, auf dem wir alle gehen, dabei
in jeder Weise bequem, komfortabel, ohne Ärgernis, und die
Pforte so weit als möglich; weiter kann ja die Pforte nicht
sein als die, durch welche wir alle en masse gehen: ergo ist
das Neue Testament nicht mehr Wahrheit." — Im Blick auf
dieses Citat wird man fühlen, daß indirekt ein apologetisches
Moment in dem Nachweis liegt, daß das Christentum etwas
Anstößiges, mit dem Kreuz des Vernunft= und Naturwidrigen
Behaftetes sei, jetzt wie immer. Wohl ist ein gewaltiger Um=
schwung in den Anschauungen vom Christentum geschehen, seit
der Zeit, da Paulus in Rom sich sagen lassen mußte: „Dieser
Sekte wird allenthalben widersprochen" und nicht viel später
der ernste Tacitus, Vertreter der besseren Römerwelt, in die
Welt hinausschrieb: „Diese verderbliche Sekte (exitiabilis su-
perstitio) der Christen, so genannt nach ihrem Urheber Christus,
der unter Tiberius Regierung auf Befehl von Pontius Pilatus
hingerichtet worden, griff, nachdem sie einige Zeit lang unter=
drückt worden war, nicht nur in Judäa, am Orte der Ent=

stehung, wieder um sich), sondern auch in Rom selbst, dem Sammelplatze aller Schändlichkeiten und Verworfenheit" (quo cuncta undique atrocia aut pudenda confluunt celebranturque, Taciti Annalium liber XV, cap. 44). Aber so verändert auch die Zeiten sein mögen und damit die Verbreitung und Schätzung des christlichen Namens, — immer wird das w a h r e Evan= gelium vom Kreuze begleitet (s e m p e r crux comitatur v e r u m evangelium. Justus Jonas). „Ihr werdet each alle an mir ärgern," ist das Prognostikon des Herrn gewesen, allerdings zunächst für jene Nacht, wo der Jünger irdische Hoffnungen dahinfielen, ist aber im weiteren, laut den Voraussagungen des Herrn, für den ganzen Gang des Christentums durch diese Welt gültig. Christus ist so sehr ein Stein des Anstoßens und ein Fels des Ärgernisses (Röm. 9, 33), daß der selig gepriesen wird, der sich an ihm nicht ärgert oder stößt (Matth. 11, 6) und das Beharren im Glauben auf einer besonderen Interven= tion der göttlichen Gnade beruht (vgl. Luk. 22, 32). Auf den Einwand, dem sei aber heutzutage doch nicht mehr so, die Welt sei christlich geworden und damit habe der Anstoß aufgehört, möchte ich vorläufig nur kurz erwidern: Erstens ist es eben die Frage, ob wir so christlich sind, wie wir den Namen haben, sodann — wir sind noch nicht am Ende der Entwicklung und es dürften in der Evolution des Christlichen Dinge an uns her= antreten und ein Kreuzesglaube und eine Kreuzespraxis uns zugemutet werden in der Weise, daß wir uns leicht ärgern und die Dinge eine Wendung nehmen könnten wie in jenem Zeit= punkt des Lebens Jesu, von welchem es heißt: „Von dem an gingen seiner Jünger viele hinter sich und wandelten hinfort nicht mehr mit ihm" (Joh. 6, 66). —

Es reizt mich, das Christentum einmal als Kreuz und Ärgernis aufzuzeigen, weil man in neuerer Zeit a u f z w e i g e= f ä h r l i c h e A b w e g e gekommen ist, einen t h e o r e t i s c h e n und einen p r a k t i s c h e n. Theoretisch will man die christliche Wahr=

heit verstandesmäßig beweisen, während sie doch eine Glaubens=
wahrheit ist. Damit thut man dem menschlichen Verstande zu
viel Ehre an, als ob der psychische Mensch die göttlichen Dinge
erkennen könnte, von welchen doch das Wort des Herrn gilt:
„Niemand erkennt den Sohn" (Matth. 11, 27). Andererseits
wird das Göttliche, um es mundgerecht und plausibel zu machen,
herabgedrückt und des heiligen Mysteriums entkleidet, daß es
nicht mehr jenes thörichte Evangelium ist, das stärker und weiser
ist denn die Menschen sind, und der Glaube nicht mehr jener
Glaube, der nicht auf Menschenweisheit, sondern auf Gottes
Kraft besteht. Da hat, allen apologetischen Künsten gegenüber,
Tertullian eher den Nagel auf den Kopf getroffen mit seinem
credo, ¦quia absurdum est. (Ich glaube, weil es absurd ist.)
So absurd dieser Ausspruch auf den ersten Blick erscheint, so
enthält er doch nichts anderes, als was das ganze Neue Testa=
ment sagt — daß die Welt, die im argen liegt, den Wahr=
haften nicht erkennen noch verstehen kann; daß das, was ihr
einleuchtet, von unten ist, nicht von oben, und daß der, der
von der ganzen Welt Weisheit, Wissenschaft und Charakter un=
befriedigt geblieben, schließlich gerade an der tragikomischen
Gestalt des Christlichen ein hoffnungerweckendes Zeichen hat,
daß es von oben sein und, weil nicht von der Welt, die Kraft
haben möchte, die Welt aus ihren Angeln zu heben. — Wie es
eine lederne Orthodoxie giebt, die darin irrt, daß sie die gött=
liche Wahrheit beweisen und im Kopf herumtragen möchte, so
giebt es einen irrenden Liberalismus, der das Ungenügende des
Beweises einsieht, aber dann nicht nur den Beweis, sondern
auch das zu Beweisende aufgiebt und weltförmig wird.
Diesen Eindruck hatte ich, als ich einst in Schaffhausen Reform=
vorträge anhörte. Sehr vernünftig, sehr klar, sehr annehm=
bar, ohnedaß das Publikum nötig hätte, sich zu bekehren und
zum Kreuz zu kriechen; man kann grad auf und vergnüglich
beruhigt, daß man, obschon nicht Kirchgänger 2c., doch ein guter

1*

Chrift fei, mehr, als man felbft gedacht, ein Chrift — fchon
als vernünftiger Menfch, in dem das Sittliche fich regt, — grad
auf kann man aus dem Saale gehen, wie man hereingekommen,
— und diefem proteftantifchen Chriftentum, auch feinen drei
Principien der freien Forfchung, der Innerlichkeit und des all=
gemeinen Prieftertums, refp. Säkularifation alles Chriftlichen,
ift das Odium des Kreuzes und der Unpopularität hübfch ab=
geftreift. Ja, vernünftig und hübfch; aber auch nicht mehr als
das! Mit diefer theoretifchen Verweltlichung geht die praktifche
Hand in Hand, welche in Durchführung chriftlicher Grundfätze
nur fo weit geht, als man damit keinen Anftoß, kein öffentliches
Ärgernis giebt, und als mit dem modernen fittlichen Princip der
Wohlfahrt, der eigenen und öffentlichen, verträglich ift.

Worin liegt nun aber das Skandalöfe der Erfcheinung
Jefu und des Chriftentums?

In der Fatamorgana=Beleuchtung der vielen Jahrhunderte,
die feither verfloffen und den Namen über alle Namen durch
alle Zonen getragen haben, nimmt fich die Geftalt des hiftorifchen
Chriftus auch für finnlich und weltlich gerichtete Betrachter in
einer Weife großartig aus, wie es ohne Zweifel der Wirklichkeit
durchaus nicht entfpricht. Wir irren ohne Zweifel nicht, wenn
wir meinen, das Glauben an Jefum fei für feine Zeitgenoffen
ebenfo fchwer, wenn nicht fchwerer gewefen als für das jetzige
Gefchlecht, welches durch den Erfolg der Jahrhunderte hindurch
auf den Anfang zurückficht, der ein über alle Maßen geringer,
anftößig geringer Anfang gewefen ift. „Sie ärgerten fich an
ihm" — heißt es von Jefu Zeit= und Volksgenoffen (Matth. 13,
57). — Warum ärgerten fie fich an ihm? Sie hatten ihn in
ihrer Synagoge gehört, allerdings mit einer erftaunlichen Weis=
heit und Kraft. Aber ftand er nicht vor ihnen, ein Menfch aus
ihrem eigenen Dorfe? Waren ihnen nicht feine Bekannten wohl
bekannt? „Ift er nicht des Zimmermanns Sohn? Heißt nicht
feine Mutter Maria? Und feine Brüder Jakob und Jofes und

Simon und Judas? Und seine Schwestern, sind sie nicht alle bei uns?" Dieser psychologische Vorgang, der sich im Herzen der Nazarener abspielte, es ist derselbe, der sich in der Folge im ganzen Land und Volke der Juden abspielte: Was kann von Nazareth Gutes kommen? — Gemalte Heilige lassen sich leichter anbeten, als sich an wirkliche Heilige glauben läßt, die in Fleisch und Blut vor unseren Augen stehen, sinnliche Bedürfnisse haben wie wir und am Ende einem kläglichen Schicksal verfallen. Der Menschensohn hatte nicht, wo er sein Haupt hinlegte, war arm, ohne Gönnerschaft und Ansehen, Glied einer armen Handwerkerfamilie und eines verachteten Ortes, ohne die gewöhnliche Bildung derer, die zur Leitung der Völker berufen sind, von einigen ungeschulten Männern umgeben, welche seine Schüler und Freunde wurden, während die Träger des Amtes und des öffentlichen Lebens von ihm nichts wissen wollten; er war ohne Amt und ohne alle weltlichen Mittel, und sein Anhang, aus Kranken und Armen und zum Teil sittlich anrüchigen und heruntergekommenen Menschen gebildet, lichtete sich mehr und mehr, je mehr das eigentliche Wesen seiner Lehre und seines Werks hervortrat, und die weltlich politischen Hoffnungen, welche das Volk anfangs auf ihn gesetzt, zurücktreten mußten. Nur drei Jahre dauerte sein ganzes öffentliches Wirken und endete mit einer Hinrichtung, bei der er nur noch etliche Getreue auf der Todesstätte bei sich ausharren sah! — Welche Niedrigkeit! Und diese Niedrigkeit und Schwachheit hängt auch seinem Leibes= und Seelenleben an, welches ganz menschlich war: er hat gehungert und gedürstet, gegessen und getrunken, hat sich allmählich aus der Kindheit entwickelt, er wurde müde, traurig, er weinte, freute sich im Geiste, zagte und wurde erschüttert im Geiste, mußte glauben, flehen, harren auf seinen Gott und am Ende sich sagen lassen: „Arzt, hilf dir selbst." — Wie die Erscheinung des äußeren Lebens Jesu, so anstößig war auch im ganzen seine Lehre. Die Juden konnten sie nicht verstehen; ebensowenig immer die

Jünger. Daher erhielt er oft Erwiderungen wie diese: Wer kann denn selig werden? — oder: Wie mag solches zugehen? oder: wenn die Sache so stehet, so ist's nicht gut ehelich werden, u. s. w. — Oft wurden bei Mitteilungen von seiten Jesu die Jünger traurig und es lag wie ein dunkles Verhängnis auf ihrem Gemüte, daß sie sich wohl von der aussichtslosen, unheilschwangeren Verbindung losgemacht hätten, wenn nicht ihre tiefe Liebe zum Herrn und seine geheimnisvolle Macht sie immer wieder an seine Person gefesselt hätten. So etwas liegt in den Worten des Markus, die dieser von Petrus gehabt haben mag: „Sie waren aber auf dem Wege, hinaufzugehen gen Jerusalem, und Jesus ging ihnen voran, sie aber entsetzten sich, folgten ihm nach und fürchteten sich" (Mark. 10, 32). Man spricht oft von der Schönheit und Heiterkeit, welche über den Lehren und Gleichnissen des Herrn schwebe. Ich finde darin, im Unterschied von der Heiterkeit des griechischen Lebens und Lehrens, im Gegenteil sehr viel Ernstes, furchtbar Ernstes, Deprimierendes, Weherufe, Warnungen, unerhörte Zumutungen, alles an seine Person zu opfern, und dunkle Aussprüche, in Bezug auf deren Verständnis er die Jünger auf die Zukunft verweist, einfach Glauben fordernd. Ein unerbittlich offenbarender, alles ins Licht setzender Realismus bekundet sich in Jesu öffentlicher Thätigkeit; — im Gegensatz zum griechischen Idealismus zog er die verschönernden Hüllen den Dingen und Personen ab und ließ die nackte Wirklichkeit sehen. Dem entsprechend war auch der Tod des Heiligen. Sokrates, als er die Wirkungen des Giftes zu fühlen begann, bedeckte sein Angesicht, daß seine Schüler nicht mehr die Zuckungen auf dem Antlitz des sterbenden Meisters sähen, sondern als ein Letztes seine schönen philosophischen Auseinandersetzungen über die Unsterblichkeit der Seele in ihrer Erinnerung trügen. Wie ganz anders ist die Scenerie auf der Todesstätte Jesu! Nackt und bloß hängt er am Holz! Sein Durst, sein Schmerzensruf in der Nacht der

Gottverlassenheit bleiben nicht verborgen! Auch die Qual und schaurige Angst und Aufregung Gethsemanes hatte ihre Zeugen; Ist das, der so zittert und sich ängstet, ist das der Herr der Herrlichkeit? — Gleiche Schwachheit Leibes und der Seele begegnet uns, wenn wir auf die blicken, die nachher seine Zeugen und Organe gewesen sind.

Es giebt heutzutage Lehren, welche Kranksein und dergleichen fast unvereinbar mit lebendigem Glauben erklären; es giebt auch genug Christen, die sich die Apostel des Herrn als geistige Riesen und allseitig imponierende Größen vorstellen, als Menschen, die in beständigem Gefühl und in beständiger Erweisung göttlicher Kraft durchs Leben gegangen seien. Man stellt sich die Apostel als eine Art Halbgötter vor und ist geneigt, sie als solche zu verehren. Aber St. Petrus protestierte gegen den Wahn, als hätte er selbst, durch eigene Kraft oder Frömmigkeit den Lahmen wandeln gemacht, und verweist die Gläubigen auf den Gott Abrahams. Und als der Römer Cornelius ihm zu Füßen fiel, um ihm Verehrung zu zollen, protestierte er wieder, mit den Worten: Stehe auf, ich bin auch ein Mensch. Ebenso zerrissen Barnabas und Paulus ihre Kleider, als man ihnen in Lystra opfern wollte, und riefen: Wir sind sterbliche Menschen wie ihr, in gleichen Zuständen, Passionen und Schwachheiten befindlich, gebrechlich wie ihr (Apg. 14, 15). Wir gehen gewiß richtig, wenn wir die Schwachheit, auf die der Apostel in den Korintherbriefen so oft zu sprechen kommt, sehr ernsthaft nehmen. Was immer auch der Pfahl im Fleisch gewesen sein mag, es muß ein empfindliches und, menschlich zu reden, sehr hinderliches, leibliches Leiden gewesen sein, daß der Apostel von einem Satansengel redet, der ihn mit Fäusten schlage, und daß er dreimal in seinem Leben um Befreiung davon anhielt. Liegt nicht in einem solchen zeitweise gebundenen Zustande eines Apostels ein Skandalon, das noch vergrößert wird, wenn wir hören, daß jene Bitte um Befreiung keine buchstäbliche Erhörung fand? — Wenn wir nun auch wissen und verstehen, daß jene drückenden Zustände im Leibe der Demütigung einem höheren Zweck dienen mußten, einerseits den Apostel vor dem Sich=überheben zu bewahren, anderseits die Größe der Kraft Gottes ins Licht zu setzen, welche durch das Wort und durch das Amt der Versöhnung Dinge ausrichtete, die unmöglich von diesem geringfügigen Werkzeug herrühren konnten, — so bleibt das Ärgernis der Schwachheit für den Augenschein und für die, die nach demselben urteilen, doch stehen. — Daher sprach man, wie Paulus in 2. Kor. 10, 10 selbst erwähnt, „seine Briefe sind schwer und stark, aber seine leibliche, persönliche Gegenwart ist schwach und die Rede, der Vortrag unbedeutend." — Wie wenig der Apostel nach seinem menschlichen Wunsch und Willen Kranke heilen konnte, erhellt aus 2. Tim. 4, 20. (Trophimus ließ ich in Milet krank zurück.) Was überhaupt die Wunder betrifft, welche nach der Meinung vieler die Schmach des Ärgernisses von dem Evangelium hinweggenommen haben sollen, so sind sie wohl nur in den selteneren Fällen auffällig und öffentlich ge=wesen, und immer blieb für Nichtaugenzeugen der Ausweg der Leugnung oder des Verdachtes, den Professor Cremer allen Wundern der Gegenwart gegenüber ausspricht: sie seien entweder eingebildete Heilungen von wirklichen Krankheiten oder wirkliche Heilungen von eingebildeten Krankheiten (Cremer, über die Fortdauer der Geistesgaben). Die apostolische Schwachheit war also nicht nur eine physische, sondern auch eine **psychische**; mit Schwachheit und mit Furcht und mit großem Zittern predigte Paulus den Gekreuzigten (1. Kor. 2). Aus manchen Andeu=tungen des Neuen Testaments können wir schließen, daß neben freiem, freudigem Wirken zeitweise eine eigentümliche, schmerzliche Gebundenheit und Verhinderung nebenher ging, bald von innen, bald von außen kommend, wie damals, als die Apostel nach Bithynien zu reisen beabsichtigten, der Geist aber es ihnen nicht zuließ (Apg. 16, 7), so daß wir an das Wort Christi in Joh. 7 erinnert werden, das er an seine Verwandten richtete, welche eine Manifestation in der Hauptstadt provozieren wollten: Gehet ihr hinauf, eure Zeit ist allewege, meine Zeit ist nicht allewege. Gottes Knechte müssen auf Gottes Stunde warten, da er wirket. Ohne das gilt das Wort des Propheten: Wer ist so blind wie mein Knecht? Nur in der Hand des Werkmeisters ist das Werkzeug etwas, ohne die Mitwirkung Gottes geradezu ein Nichts, welche Bezeichnung auch Paulus auf seine Person anwendet (2. Kor. 12, 11). In irdenen Gefäßen trugen die Boten des Herrn den göttlichen Schatz und allein die immer wieder nahe und aufs neu geschenkte Gnade und Gotteskraft, der reale, übermenschliche Hintergrund der göttlichen Sendung und Initiative war das hier ausreichende.

Dir genügt meine Gnade. — Nicht nur psychische Schwachheit, sondern sogar menschliches Irren und Fehlen trübt das persönliche Bild der Apostel. Petrus hat nicht nur vor seiner Restitution und vor dem Empfang des heiligen Geistes den Herrn verleugnet und sich des Ärgernisses geschämt, sondern auch nachher seinem natürlichen Hang zur Accommodation an seine Umgebung in Antiochien einmal so weit nachgegeben, daß ihm Paulus widerstand und ihn ins Angesicht strafte. „Es heuchelten mit ihm auch die übrigen, daß auch Barnabas von ihrer Heuchelei mit fortgerissen wurde" — heißt es im Galaterbrief (2, 11—14). St. Paulus, der sich als vornehmsten Sünder fühlte, gerecht allein durch Gottes Gnade, glaubte so wenig an eine persönliche Unfehlbarkeit irgend eines Menschen, daß er vor einer peinlichen und scharfen Erörterung selbst mit hohen Trägern des Amtes nicht zurückschreckte, wovon nicht nur jener Auftritt mit Petrus, sondern auch der Anstand mit Barnabas wegen des Markus ein Beispiel ist (Apg. 15, 39). Die Gefahr des Irrens und Fehlens lag um so näher, wenn einer in ein fremdes Amt griff und einen Boden betrat, wo das göttliche Mandat für ihn aufhörte. Im andern Falle gilt das Wort Armstrongs: „A man, who is God's servant, and is faithful to Him, is in his place as strong as God."

Entsprechend dieser bisher geschilderten persönlichen Schwach= heit der Apostel war auch ihr Schicksal. Man stelle es sich nur einmal recht vor, was so oft in Apostelgeschichte und Briefen dargestellt wird, — den Apostel, nicht auf der Cathedra Petri sitzend, sondern polizeilich durch die Gassen geschleppt, von den Gassenbuben verfolgt, gewaltsam der Kleider beraubt, mit Ruten gehauen, im Ratsaal auf den Mund geschlagen, gefesselt, ins Gefängnis geworfen, — und stelle dagegen die ehrwürdige Ge= stalt eines Zürcher Antistes und seinen Einfluß im Ratsaal! Wer wollte heutzutage einem so maltraitierten und öffentlich beschimpften Manne etwas mehr als ein bedauerliches Mitleid zollen? Wer möchte heutzutage solchen folgen, welche, wie St. Paulus von sich schreibt (1. Kor. 4), ein Fluchopfer der Welt, ein Auswurf aller Leute sein müssen? Wer möchte da eine göttliche Mission anerkennen, wo, so weit des Menschen Auge und Urteil reicht, der Erfolg durchaus kläglich ist; wer die für die allerhöchst in der Kirche Gesetzten gelten lassen, welche als die Allerniedrigsten und Verkehrtesten gelten und gerade um ihrer hohen Ansprüche willen umsomehr ein Schauspiel der Welt sein müssen? — Eben der Anspruch, daß sie mit einer göttlichen Sen= dung gehen, machte die Apostel bei ihrer Schwachheit und ihrem öffentlichen Mißerfolg in den Augen der Ungläubigen so wider= wärtig; denn jene Sendung bewies sich nur am Gewissen der Gläubigen. — Wie paßt beides zusammen, bodenlose Schwach= heit und Autorität? — Dieselben, welche mit Furcht und aller Art Beschwerung zu kämpfen hatten, die sich selbst das Todes= urteil sprechen mußten, deren äußerer Mensch abnahm, — sie wurden nicht müde, wurden nicht weich in all diesen Trübsalen, sie traten mit frappierender Festigkeit und Autorität auf, mit einer Sprache, wie die: „wir gebieten euch im Namen unseres

Herrn Jesu Christi u. s. w." oder: „So jemand nicht gehorsam ist unserem Wort, den zeichnet an und habet nichts mit ihm zu schaffen" 2. Thess. 3, oder: „Es hat dem heiligen Geiste und uns gefallen" Apg. 15, 28. Ja, wie paßt beides zusammen? — Nicht umsonst ist es dutzend=, ja wohl hundertmal in den Schriften des Alten und Neuen Testamentes mit Nachdruck er=zählt, daß die Unternehmungen eines Mose, eines Elias, eines Paulus, Petrus und aller übrigen Gottesboten nicht aus per=sönlich menschlichen Motiven und natürlichen Impulsen zu er=klären seien. Diese eigenen Impulse fehlen in der Regel gänzlich und nur durch höhere Nötigung und Macht wurden der anfäng=liche Widerstand und das Unvermögen der Träger der Offen=barung endlich gebrochen. Schwierigkeit über Schwierigkeit, Furcht, Unlust, Zweifel haben, selbst bei den göttlichen Organen sich allezeit dem Werke Gottes entgegengestellt.

„Sende, wenn du sonst senden willst," sprach der 80=jährige Mose, den eine lange Erfahrung längst dahin gebracht hatte, auf Selbsthülfe zu verzichten. Die Jünger Jesu zweifelten nach der Auferstehung und legten sich wieder aufs Fischen und der=gleichen, bis eine zweifellose Gewißheit und Sendung ihrer Un=thätigkeit ein Ende machte. Und der Apostel, der schließlich mehr als alle gearbeitet hat, als ein auserwähltes Rüstzeug des Herrn, er hat zuvor am meisten wider den Stachel ausgeschlagen. Wird nicht durch das alles klärlich bewiesen, daß der Geist und die Kraft, die durch diese Männer wirkten, etwas durchaus anderes gewesen ist, als bloßer menschlicher, aus Schwachheit sich aufraffender Enthusiasmus? daß die göttlichen Offenbarungen Akte eines höchsten Willens sind, der den menschlichen überwindet, der gebietet und spricht: Gehe hin, ich sende dich? (Apg. 22, 21).

Ohne Zweifel war sogar für die Säulen der Apostel, Ja=kobus, Kephas und Johannes, ein gewisser Anstoß zu über=winden, ehe sie imstande waren, zu erkennen, daß dem Paulus Gnade und Apostelamt unter den Heiden so gut anvertraut sei, wie ihnen unter der Beschneidung, und dem ohne ihr Zuthun und Erwarten berufenen neuen Apostel die Hand zur Gemein= schaft zu reichen (Gal. 2). Denn sie wußten nur von einem zwölffachen Apostolat und sahen das Amt, von dem Judas ab= getreten war, auf ihr Flehen längst durch einen andern, zwölften Zeugen der Auferstehung Jesu ersetzt. —

Aber nicht nur die Persönlichkeit der Apostel, auch die persönlichen Verhältnisse ihrer **Anhänger** mußten manchem Bedenken und Anstoß erwecken. — Sah man auf ihre sociale oder politische Stellung, auf ihre Bildung und Lebens= umstände, so war das alles für Fernstehende nichts weniger als einladend und Vertrauen erweckend. — Da waren keine Weisen und Schriftgelehrten, keine Sophisten und Rhetoren dieser Welt, wenig Weise nach dem Fleisch, selten ein Gewaltiger und Edler seiner Zeit, — im Gegenteil viel verachtetes Volk, Proletariat, was thöricht, schwach, unedel, ja nichts vor der Welt, bekennt Paulus in 1. Kor. 1.

Wer noch etwas Besseres zu thun wußte, wer sich an den Freuden der Liebe und Ehre, des Besitzes und einer befriedigenden Thätigkeit vergnügen konnte, wollte nichts mit dem Evangelium des Gekreuzigten zu schaffen haben, das sich mit der Kundsame der Armen, Krüppel, Lahmen und Blinden begnügen mußte (Luk. 14, 16—24). Aus Armen, Sklaven, Frauen, Unglücklichen und Gebrochenen aller Art wurde lange Zeit die Kirche refru= tiert, was auf die Schätzung des Christentums bei den Griechen und Römern einen wesentlichen Einfluß übte. Die Heiden, u. a. Zosimus, haben es dem Christentum zum Vorwurf gemacht, daß es zuerst aus den Hefen der Menschheit seine Anhänger gesucht habe. Vergleiche damit 1. Kor. 6, 11, wo der Apostel, nach= dem er verschiedene Klassen tiefgefallener Sünder genannt hatte, fortfährt: „Solche waret ihr zum Teil." — Es ging mit Christo wie mit dem verfolgten David, von welchem wir lesen: „Es sammelten sich zu ihm alle Bedrängten und alle, die Schulden

hatten, und alle, die mißmutig waren, und er wurde ihr An=
führer, und führte mit ihnen des Herrn Kriege." So ging es
auch dem Davidssohne; solcher Art war sein Anhang, und unter
seinen Vorfahren lesen wir Namen wie Thamar, Rahab, Bath=
seba. Ist es mit dem Anhang des Sohnes Davids, durch den
jetzt des Herrn Kriege geführt werden, eigentlich anders ge=
worden? Sind, wie Strauß dem Christentum vorwirft, sind es
nicht auch jetzt Gebrochene, die zu seinem Troste Zuflucht
nehmen? Auf welcher Seite stehen die Namen von Rang, Geist,
Bildung, Noblesse, die Söhne des Glücks und einer ganzen un=
gebrochenen Natur und Kraft? — Auf der des Offenbarungs=
glaubens, oder der des Selbstverlasses und Naturglaubens?

Doch genug dieser p e r s ö n l i c h e n Erörterungen! Gehen wir
zu der mehr **sachlichen** Frage über: I s t d e r I n h a l t d e s c h r i s t=
l i c h e n G l a u b e n s, oder die H e i l s w a h r h e i t derart, daß
vernünftiges und wissenschaftliches Denken ohne Anstoß dabei vor=
überkommen? Ist der Christenglaube vernunftgerecht und natur=
gemäß? — Oder liegt gerade hier der Hauptanstoß, das eigent=
lichste Skandalon? Es würde zu weit führen, ja unmöglich sein,
alle Einwürfe der Vertreter menschlicher Vernunft und Wissen=
schaft hier auch nur in der Hauptsache namhaft zu machen; die=
selben sind im Grunde auch nicht entscheidend, da sie mehr oder
weniger unter den Spruch Fenelons fallen: „Sehr vielen fehlt
es nicht nur an der Religion, es fehlt ihnen noch viel mehr an
der Vernunft." Aber Thatsache ist es doch: man kann die
Wahrheit und Hoffnung unseres Glaubens niemandem logisch
beweisen, daß der Zweifel für immer verstummen müßte. Um
nur an ein einziges Stück der religiösen, keineswegs speciell
christlichen Wahrheit, die Fortdauer der menschlichen Seele, zu
erinnern, so stehen Gründe gegen Gründe. Der Mediziner
Burdach wägt sie in seiner Anthropologie sorgfältig gegen=
einander ab und kommt zum Schluß, wissenschaftlich spreche
ebensoviel dagegen wie dafür; die Bedürfnisse und der Glaube

des Herzens allein geben den Ausschlag für die Seelenfortdauer; doch komme man über eine Wahrscheinlichkeitsrechnung nicht hinaus. Und in Bezug auf das ganze Christentum, seine Lehre und seine Praxis sagt Pascal: Das Christentum ist die Religion, die allein von allen mit der Natur, mit dem gewöhn= lichen Menschenverstande und mit unseren Begierden im Streite liegt. — (Aus diesem Grunde ist, beiläufig gesagt, das moderne Liebäugeln mit dem Buddhismus nur zu begreiflich.) Pascal sagt weiter: Ich erstaune über die Dreistigkeit, womit man über Gott redet, wenn man sich an die Gottlosen wendet; wie man gleich im ersten Kapitel damit beginnt, Gottes Dasein aus den Werken der Natur zu beweisen, während man mit einer Schilde= rung des Menschen und den Widersprüchen des depravierten Lebens beginnen sollte. „Dieses unendlichen Raumes ewiges Schweigen ist mir ein Schrecken." — „Die Wahl des Christen= tums hängt," schreibt Pascal anderswo, „nicht von der Gewiß= heit ab. Wenn man nur auf das Gewisse hin handeln wollte, so könnte man nichts für die Religion thun; denn sie ist nicht gewiß. Es ist auch vernünftig, auf den morgenden Tag hin zu wandeln, obschon er ungewiß ist. Anstatt des Gewissen müssen wir uns mit dem Wahrscheinlichen begnügen, und auch für den Zweifler ist es unmöglich zu existieren, ohne auf das Ungewisse hin zu handeln. Handeln müssen wir; sonst ist das Leben un= möglich." — In ähnlichem Sinn schrieb der Buchhändler Perthes dem Naturphilosophen Steffens: „Schreiben Sie ein Buch, das davon ausgeht, wie die Natur gottlos ist, — wie sie ebensowohl Gott verbirgt, als ihn offenbart, in welcher Verbergung des göttlichen Antlitzes eben das liegt, was die heilige Schrift den Zorn Gottes nennt." Verzehrende Feuerflammen, vom rasenden Föhn durch Berg und Thal getragen, verheerende Wasserfluten, Influenza, Hagel und schöne Ernten vernichtende Ungewitter, — wer kann in dem allen zunächst das Angesicht eines Gottes und Vaters finden? — Ist es nicht auch fast in jedem Sterben

verborgen? O die Kälte, o das Schweigen des Todes! Wie
unerbittlich gehen die Wellen des Todes über alles menschliche
Wesen, wie hoffnungerweckend und heilverkündigend auch diese
und jene geschichtliche Gestalt und Erscheinung aus dem Niveau
des Gemeinen empor ragte, — auch mit ihr ist's bald vorbei
und sie ist gewesen.

St. Paulus redet von einem Gesetz der Sünde und des
Todes, wonach also die Unnatur gesetzwidrigen Handelns und
qualvollen Vergehens, dasjenige, wogegen Natur und Gemüt
gleicherweise sich sträuben, zu einem Gesetz, gleichsam zur Natur
geworden, — und dieses Gesetz, ach, es will seine Herrschaft
über uns immer noch nicht aufgeben. — Dieses Gesetz scheint
schließlich die Oberhand zu haben über das Gesetz des Geistes
des Lebens und alles mit seinem Todesbann zu fesseln, — als
der letzte Feind, der nicht abgethan sein will.

Wie wir die Objekte unseres Glaubens nicht sehen, und an
das Glauben gewiesen sind, so ist das gleiche der Fall mit der
Hoffnung; wir sehen die Gegenstände unserer Hoffnung nicht,
und auch das Unterpfand derselben, die Erstlinge des Geistes,
ist etwas Unsichtbares, dessen Dasein oft in Frage gestellt wird.
Wir sind mit unserem Hoffen darauf gewiesen, zu warten in
Geduld, wie denn vom Christen schon die Definition gegeben
worden ist: Ein Christ ist, wer warten kann. Wie lange wartet
schon die Kirche? Wohl gereicht es uns zur Stärkung in diesem
geduldigen Warten auf den Herrn und das Reich der Verheißung, daß in den heiligen Schriften Andeutungen genug sich
finden, wir müßten uns auf ein χρονίζειν, auf ein Verziehen
des Bräutigams, darauf gefaßt machen, daß der Herr der Knechte
erst nach langer Zeit komme; — aber nach menschlicher Rechnung
währet es doch lange, bis wir einen Tag des Menschensohnes
sehen dürfen (Matth. 25. Luk. 17, 20 ff.). Gottes Reich ist
immer noch bloß inwendig und stehet in Kampf und Kreuz.
Immer noch gilt das Wort: Beweisen läßt sich nur der Tod,

das Leben mußt du glauben; — und die Spötter finden immer noch Veranlassung zu fragen: „Wo ist die Verheißung seiner Zukunft? Es bleibt alles, wie es von Anfang der Kreatur ge= wesen ist" (2. Petr. 3). — Zu allen diesen Anstößen für den Betrachter kommt nun aber noch das eigene persönliche Kreuz hinzu, welches der Christ zu tragen hat. — Als Ehrenzeichen ist es wohl be= kannt und weit verbreitet; aber das wirkliche Christenkreuz zu tragen ist eine andere Sache; dies ist empfindlich und schwer und macht manche zurückschrecken. Erinnern wir uns zunächst, wie entschieden und allgemein in der Schrift es gelehrt wird, daß man um Christi willen und um der Gerechtigkeit willen geschmäht und verfolgt werden würde; daß es nicht anders gehe, als daß wir um des Menschensohnes willen, wenn wir ihm folgen wollen, gehaßt, abgesondert und unter einem bösen Namen von den Menschen verworfen werden (Luk. 6). Man wird, wenn man Ernst macht mit dem Glauben und die gött= lichen Zeugnisse annimmt, in den Bann gethan, entweder päpstlich oder demokratisch von seiten des sogenannten allgemeinen Priestertums exkommuniziert. Obschon Paulus bekennen darf, er diene dem Gott der Väter und sei dem Glauben der Väter getreu, muß er klagen, daß dieser Weg bei den Gegnern eine Sekte heißt (Apg. 24, 14). Die in Lehre und Gemeinschaft es am wenigsten sind, müssen am meisten Sektierer und Häretiker heißen. — Das ist natürlich um so empfindlicher, je mehr man die Not der Kirche auf fürbittendem Herzen trägt und die Brüder, alle Getauften, als solche liebt. Aber so ist es; den bösen Schein und die Isolierung muß der wahre Christ ertragen lernen. Der Schmerz des Alleinstehens wird dem nicht erspart, der nicht irgend einer Partei, sondern der Wahrheit dienen und dem Lamme folgen will, wohin es geht. Toleranz ist wohl ein heutzutage geläufiges Wort, aber immer noch eine rare Sache. Es steht im allgemeinen fest, daß der Gerechte auch heute noch

verlacht sein und daß alle Verfolgung leiden müssen, die gott=
selig leben wollen in dieser Welt (Hiob 12, 4; 2. Tim. 3, 12;
Joh. 16, 2; Matth. 10, 16. 22).

Sehr charakteristisch und tausendmal sich wiederholend ist
die Scene, die uns in Joh. 7 so anschaulich vorgeführt wird,
wo die, die Jesum verhaften sollten, unverrichteter Sache zu den
Herren des Synedriums zurückkamen. „Warum habt ihr ihn nicht
gebracht?" werden sie angeherrscht. Sie antworten: Noch nie
hat ein Mensch geredet wie dieser! — Darauf die Pharisäer:
„Seid ihr auch verführt? Glaubt auch irgend ein Oberster oder
Pharisäer an ihn? Nur dies Volk, das nichts versteht, verflucht
sei es." Und dem Ratsmitglied Nikodemus, der einige Ein=
wendungen zu Gunsten Jesu wagt, wird geantwortet: Bist du
auch ein Galiläer? Forsche etwas tiefer und du wirst finden,
aus Galiläa tritt kein Prophet auf. — Die Wahrscheinlichkeit
sprach für sie; sie wußten nicht, daß Bethlehem die Geburts=
stadt Jesu war. So ging ein jeder heim, — die Gegner be=
ruhigt durch einen handgreiflichen Beweis, daß es nichts sei mit
dem Nazarener und seinen Leuten; die aber zu glauben ange=
fangen hatten, mit der Qual sich widersprechender Gedanken im
Herzen. — „Die Welt kennt euch nicht," schreibt St. Johannes,
„denn sie kennt ihn nicht" (1. Joh. 3, 1; vgl. Galat. 4, 29).

Zu den äußeren Schlangenstichen tritt in der Kreuzesschule
die innere Sensibilität hinzu, die bei einem Christen ge=
steigert erscheint, wie das ganze Geistesleben. Ein Christ ist
kein Stoiker, der seinen Stolz darin sucht, gleichgültig an
allem vorüberzugehen, mit dem Gedanken: Es ist nichts! Er hat
vielmehr etwas von der Art eines Paulus, welcher, da er die
Erstlinge des Geistes empfangen und die Wiederherstellung zur
wahren, reinen und lebendigen Natürlichkeit wenigstens innerlich
erfahren hat, um so mehr seufzt unter dem Todesdruck der
Leiblichkeit, um so mehr Sinn und Mitgefühl hat für die Sehn=
sucht der gesamten Kreatur. Paulus kennt auch den heiligen

2

Zorn; er brennt, wenn Glieder seiner Gemeinden fallen, und empfindet innerlich einen stechenden Schmerz (2. Kor. 11, 29); Betrübnis und Freude wechseln auch in seiner Brust, nur in hohem Maße vertieft. — Der wahre Christ hat etwas von der Art eines Elia mit seinem heiligen Eifer und seiner göttlichen Leidenschaft, mit seinem Kämpfen und Arbeiten, seiner Enttäuschung und seiner Müdigkeit, bis zu jenem: „Es ist genug, so nimm nun, Herr, meine Seele; denn ich bin nicht besser als meine Väter." Ja, selbst Jesus, der Herr, hat gefühlt, wie sonst kein Mensch und dem Gefühl oft einen erschütternden Ausdruck gegeben. Krankheiten und Sünden, die er trug, brachten sein Gemüt in Wallung; mit Zorn sah er die Heuchler an, — mit Thränen blickte er nieder auf Jerusalem und sein Los, die Augen gingen ihm am Grabe des Lazarus über; er ergrimmte im Geiste in heftiger Erregung bei gegebenem Anlaß; der Tempel sah ihn, Schrecken einflößend, die Geißel in der Hand, und Gethsemane tief gebeugt im Staube liegen!

So ist's mit seinen Nachfolgern, von welchen Gichtel mit Recht sagt: Mit der Traurigkeit wird bei uns das Gute begonnen, und das Beste vollendet; durch immer neue Angst geht es in der Welt zu immer neuem Leben und neuen Lebensfrüchten. Wohl giebt es Überwindung der Welt und ihrer Angst in Christo, aber nicht ohne Kampf und tiefes langes Leiden. Gerade die reichsten seiner Werkzeuge brennt Gott immer tiefer aus, und an wem Gottes Werke offenbar werden sollen, mit dem geht's durch manche Nacht (Joh. 9, 2. 3).

Ein Umstand macht das Kreuz des Christen besonders schwer, daß nämlich mit der Gnade, die darin ist, oft etwas Gerichtliches sich verbindet, das an die eigene Sünde und an Sünde der solidarisch Mitverbundenen erinnert. „Das Gericht fängt an am Hause Gottes," schreibt St. Petrus. Da geht's oft tief hinab. Unter der züchtigenden Hand Gottes fallen alle beschönigenden Decken ab, und nackt und elend steht man ohne Entschuldigung in Gottes Gericht. Der Schlange Losung ist: Ihr sollet sein wie Götter, und alles Göttliche und Erhabene reißt der Mensch eine Zeit lang wie einen Raub an sich; aber in der Kreuzesschule wird man zum armen Wurm. — Dies wird durch die Erfahrung im Leben und Sterben treuer Knechte Gottes tausendfach bestätigt. — Was für ein zerschlagenes Gemüt bekam im Kerker der früher so gottbegeisterte gewaltige Savonarola? In einem Liede, das er im Kerker verfaßte, fleht er:

„Herr Jesu, mich errette, der keine Hilfe hat,
Die Folter ist mein Bette, der Kerker meine Statt.
In schwarzen Eisengittern, in meiner Ketten Last
Muß ich vor mir erzittern, den du geschlagen hast.
Mein Herz hast du getroffen, das klagt dir seine Schuld;
Herr, laß auf dich mich hoffen in schweigender Geduld.“

Seine eigene Individualität ganz zu entfalten und geltend zu machen, gilt als eigentliches Menschenideal. Wenn das richtig ist, so muß hienieden der Christ auf dies Glück verzichten; denn sein Leben ist nach Kol. 3. noch ein verborgenes. In seiner Lebensführung erfüllt sich Epiktets: ἀνέχου καὶ ἀπέχου, oder sustine et abstine! Fremdes aufnehmen, Widerwärtiges dulden und eigene Wünsche und Bestrebungen in den Tod geben, — oder dienen und dulden einerseits, sich selbst verleugnen anderseits, — das ist des Christen Weg. Es ist ein Kreuzesweg, nicht so schön, wie jenes καλὸν κἀγαθόν des alten Griechenland, das auf seinem Ich, auf eigener Vortrefflichkeit und Selbstentfaltung stand. Aber Griechenland ging daran unter. —

„Seiner eigenen Gedanken, seiner eigenen Wünsche voll und satt werden, tötet die Seele unwiderruflich.“ —

Nachdem wir versucht haben, von des Christentums Kreuz und Ärgernis uns einigermaßen einen Begriff zu machen, mögen hier noch einige Schlußfolgerungen Platz finden.

2*

1. Der ſkandalöſe Charakter des Chriſtentums findet ſeine Erklärung in der Disharmonie zwiſchen dem Göttlichen und Weltlichen, in dem heiligen, überweltlichen Weſen des Heils und der Heilswahrheit und in der Impotenz des gefallenen Menſchen, von ſeinem Standpunkte aus den Gang und die Wahrheiten des Reiches Gottes ſich zurecht zu legen. — Eines muß dem andern weichen. Erſt ſucht die Welt den Wahrhaften von oben hinauszudrängen, und wenn es nicht geht, ihn zu amalgamieren: Das iſt ſein Kreuz. — Dann aber macht der Gekreuzigte kehrt, und ſeine gekreuzigte Liebe wird kräftig, die Welt aus uns zurückzudrängen — das iſt unſer Kreuz.

2. Es iſt Grund zur Vermutung, daß ein dem Lauf der Welt, dem Willen des Fleiſches und der Vernunft entgegen= kommendes Chriſtentum, bei welchem man ohne Anſtoß durch= kommen und es jedermann recht machen kann (vgl. Luk. 6, 26), nicht das wahre Chriſtentum iſt, — wie anderſeits Urſache zu der Vermutung, daß hinter dem etwas ſei, was zunächſt allgemeinen Widerſpruch erfährt, ſo daß wir wohl thun, es nicht ungeprüft zu verwerfen. —

3. Alles geiſtliche Licht hebt mit der Erkenntnis des Falles an. Um die Exiſtenz des Willens, des göttlichen und menſchlichen, zu erkennen, müſſen wir vorerſt ſtutzig werden am Vorhandenſein des verkehrten Willens; um das Heil zu ſuchen, müſſen wir erſt das Unheil ſehen; um gerecht zu werden, erſt unter dem Kreuze lernen, was Sünde und Anomie iſt; um glauben und wiſſen zu dürfen, was uns in ewiger Herrlichkeit und verklärter Natur von Gott geſchenkt und zugedacht iſt, gilt es vorerſt, ſich in die Unnatur zu verſenken und das Irrationale, das Elend des irdiſchen Daſeins zu ſtudieren. Inſofern ſchließt auch der moderne Peſſimismus ein apologetiſches Moment in ſich und kann am rechten Orte auf das Chriſtentum vorbereitend wirken, wie wir auch aus der realiſtiſchen Strömung in der Litteratur der Gegenwart, nicht nur aus M. G. Conrad, Bleib=

treu, Wildenbruch 2c. 2c., sondern sogar aus einem Zola Nutzen ziehen können. — Die Dichter der Völker sind gleichsam ihre Propheten, und in ihnen schreit die Menschheit mehr oder weniger bewußt zum Himmel. Hiebei erinnere ich mich des treffenden Wortes Günthers: Das Christentum ist in seinem Beginn und in seiner Vollendung nur eine große Thatsache, die vom Himmel schreit, sowie die Weltgeschichte nur eine große That= sache ist, die zum Himmel schreit.

4. Nicht der Beweis, sondern andere mehr praktische Wege führen zur Gründung in der göttlichen Wahrheit; der eine Weg ist Erkenntnis und Schwächung der Leidenschaften, der andere — Übung in der Gottseligkeit und gehorsame Erfüllung seiner Pflichten, auch der religiösen. — Entscheidend ist da das Wort des Herrn (Joh. 7, 17): So jemand will Gottes Willen thun, der wird inne werden, ob meine Rede von Gott sei, oder ob ich von mir selbst rede. Und instruktiv ist folgender Wink Pascals: „Wenn man nicht glauben kann, soll man sich be= streben überzeugt zu werden, nicht durch Beweise für das Dasein Gottes, sondern durch Bezwingung der Leidenschaften, durch Askese, durch die Gewohnheit der Anbetung, des Gebrauchs der Gnadenmittel, durch Beugung des Herzens unter Gottes Zeug= nisse.“ — Wollten doch wir Prediger weniger verstandesmäßig demonstrieren und dafür treuer, feierlich, gläubig die Geheim= nisse Gottes verwalten. Von abschwächender humanitätssüchtiger Aufklärung zurück zum heiligen Mysterium, das die Welt aus den Angeln gehoben hat!

5. Das Letzte, was ich aus dem Kreuz Christi folgern möchte, ist dieses: es giebt ein ewiges Leben; denn das Kreuz ist Thatsache und Wirklichkeit; — aber nur eine halbe Wahrheit, die ihrer Ergänzung, ein Rätsel, das seiner Lösung harrt, einer Erlösung, die nicht weniger real und wirklich sein kann als das Kreuz. — Leiden und Reich stehen in der Lehre Christi immer beisammen; eines ist der Schlüssel zum andern·

Kann sie auch nicht bewiesen werden, die höhere Welt, — so giebt es doch eine Gewißheit derselben; — und mag man uns Träumer heißen, die wir an jener Welt in lebendiger Hoffnung festhalten, was thut das! Lasset uns dulden, wie Joseph duldete, als er seine Träume erzählte! Es giebt verschiedene Träume; doch Josephs Träume gingen in Erfüllung.

So lieb auch schöne Stunden uns gewesen,
Doch schwinden sie, ein wesenloser Schaum;
Das Beste, was wir haben, ist ein Traum,
Und unser Los, von Träumen zu genesen.

Was wir in Sternen, Blumen, Blicken lesen,
Ist Abglanz nur, der fernen Schönheit Saum;
Durch enge Spalten und durch diese kaum,
Gewahren wir allein das wahre Wesen.

Drum halte, liebes Herz, den Glauben fest,
Daß Zukunft löst die schwersten aller Riegel,
Und was du treu gehofft, dich nie verläßt.

Ein Inhalt muß doch da sein, wo ein Siegel,
Und was unwandelbar dein Geist umfaßt,
Wirst klarer du noch schauen als im Spiegel.

II.

Die Botschaft des Evangeliums.

Bald ein paar Jahrtausende geht eine Botschaft durch die Welt, um die Menschheit einem zu Füßen zu legen in einer Verehrung, wie sie sich in jenem alten Kreuzfahrerlied ausspricht: „Schönster Herr Jesu, Herrscher aller Enden, Gottes und Marien Sohn, dich will ich lieben, dich will ich ehren, du meiner Seele Freud' und Kron'. Schön sind die Wälder, schöner sind die Felder in der schönen Frühlingszeit, Jesus ist schöner, Jesus ist reiner, der unser traurig Herz erfreut. — Schön sind die Blumen, schöner sind die Menschen in der frischen Jugendzeit. Alles muß sterben, alles verderben, — Jesus bleibt in Ewigkeit." — An diesen Namen klammert sich unser Geschlecht, soweit es von jener Botschaft ergriffen ist, in seinem Weh und Bangen; auf ihn setzt es seine Hoffnung, Trost und Ausweg zu finden im allgemeinen Todeslos, Befreiung aus sittlicher Ohnmacht und Gewißheit in Bezug auf jene überirdische und übersinnliche Welt, an deren Pforten der Mensch ratlos steht und sehnsuchtsvoll der Öffnung harrt. Niemand hat Gott gesehen, der in einem unzugänglichen Lichte wohnt, und doch bleibt unser Herz ruhelos ohne ihn. Dem armen Hiob wird gesagt: „Meinest du, das Innerste Gottes auszukünden oder zu finden die Vollkommenheit des Allmächtigen? Sie ist höher denn der Himmel, was willst du thun? tiefer denn die Hölle, was kannst du wissen?" (Hiob 11, 7. 8). Fährt nun auch niemand gen Himmel, so kommt dem himmlischen Verlangen nach dem Ewigen doch einer entgegen, der in unserer Mitte gelebt hat. „Wer mich siehet, der siehet den Vater." Beachten wir den Inhalt, ferner den Ursprung, sowie die Absicht, den Zweck dieses Zeugnisses von Jesus.

Die Botschaft, von der wir reden, heißt „Lehre Christi" (2. Joh. 9), weil Christus ihr Inhalt und Gegenstand ist. Vom „Herrn Jesu Christo" lehren seine Gesandten (Apg. 28, 31), Glauben und Gehorsam „gegen seinen Namen" fordernd (Röm. 1, 5), und Vergebung der Sünden und Leben „in seinem Namen" verheißend (Luk. 24, 47; Joh. 20, 31). Jesu Person, Werk und Amt ist es, was ins Licht gestellt und bezeugt wird. Bekehrt sich ein Saulus zu den Christen, so ist das Charakteristische seiner Lehre das, daß er bezeugt, Jesus sei Gottes Sohn, und daß er den Juden aus ihren heiligen Schriften beweist, Jesus sei der Messias (Apg. 9, 20. 22). Die Männer, die durch ihr persönliches Zeugnis den Grund der Kirche gelegt haben, waren in der That, wie ihr Herr und Meister es befohlen, Zeugen Jesu Christi (Apg. 1, 8). Besonders mächtig und ergreifend ist das Zeugnis des Jüngers Johannes, sowohl in seinem Evangelium, und in dem Begleitschreiben dazu, in seinem ersten Briefe als ganz in gleichem Tone in seiner „Offenbarung", — mächtig, weil da die göttliche Hoheit des Bezeugten gar feierlich und in staunender Anbetung uns vor Augen gestellt wird, — ergreifend, weil der Zeuge, der in der unmittelbaren Nähe des Fleisch gewordenen „Worts" zu weilen gewürdigt worden, von der gesehenen geistigen Herrlichkeit des Eingeborenen voll Gnade und Wahrheit selbst so sehr ergriffen war. Keine Schriften des Neuen Testaments tragen so sehr den Stempel der Augenzeugenschaft und der liebenden, staunenden Beobachtung an sich, in einer Menge von interessanten Stellen, wie die des St. Johannes. „Was von Anfang war, was wir gehört haben, was wir gesehen haben mit unsern Augen, was wir beschaut haben, vom Wort des Lebens — denn das Leben ist erschienen, und wir haben gesehen und zeugen und verkündigen euch das Leben, das ewig ist, welches war bei dem Vater und ist uns

erschienen — also was wir gesehen und gehört haben, das ver=
kündigen wir euch" (1. Joh. 1, 1—3). — Alle Schriften des
Neuen Testaments stimmen darin überein, daß es die „Predigt
von Christo" (1. Kor. 1, 6) oder das Zeugnis Jesu Christi
(Offb. 1, 9) ist, was den Inhalt der christlichen Botschaft bildet.
Diese besteht zunächst nicht aus „Tugendlehren"; sie ist ja das
Zeugnis, daß niemand gut ist als Gott, daß sie allesamt un=
tüchtig geworden und nicht einer ist, der Gutes thue, daß die
Welt im argen liegt. Die christliche Lehre ist zunächst auch
nicht einmal Lehre von Gott, da niemand den Vater haben kann,
der den Sohn nicht hat und niemand zum Vater kommen kann
ohne allein durch Christus, der der Weg ist und die Wahrheit
und das Leben, und niemand den Vater erkennt als der Sohn,
und wem es der Sohn will offenbaren (Matth. 11, 27). Noch
weniger halten wir uns auf mit allgemeinen Erklärungen über
„Religion" und ihr Wesen, welches in der sündigen Welt so
vielfach und furchtbar verzerrt, nicht zum voraus sich bestimmen
läßt. Der wahre Glaube an den lauter verkündigten Christus
macht erst die Religion. Es sind auch nicht menschliche Speku=
lationen und religiöse Reflexionen und Ideale, was in dieser
Botschaft verkündigt wird, vielmehr Thatsachen, wie alles erfüllt
ist und erfüllt wird in Christo, was von ihm geschrieben steht
im Gesetz Moses, in den Propheten und in den Psalmen
(Luk. 24, 44). — „Als Israel sah die große Hand Jehovahs,
fürchtete es den Herrn und glaubte ihm und seinem Knecht
Mose" (2. Mose 14, 31).

Wichtig ist es, zu beachten, daß diese Botschaft, deren
Hauptgegenstand wir kurz charakterisiert haben, eine wirkliche
„Botschaft" ist, d. h. daß ihr Dasein in der Welt einem be=
stimmten Auftrage entspringt und zwar dem Auftrage Christi
selbst. Er ist's, der Befehl gegeben, daß sein Zeugnis auf
Erden verbreitet werde, so daß, wer nun das Evangelium zu
lehren hat, es im Namen Jesu Christi, kraft seines Auftrages

thut. „Ihr werdet meine Zeugen sein," so sprach er, der den Aposteln, die er wählte, Befehl gab (Apg. 1, 8. 2), indem er sie sandte, wie er selbst vom Vater gesandt war. Diese Initiative Jesu ist von großer Wichtigkeit und wird vom Herrn Jesus selbst mit Nachdruck betont (Joh. 15, 16). „Ihr habt mich nicht erwählt, sondern ich habe euch erwählt und gesetzt, daß ihr hingeht und Frucht bringet, und eure Frucht bleibe." Weder das todesfreudige, unermüdliche „Hingehen", noch die wunderbare „Frucht" in der Schaffung von Gemeinden voll neuen Lebens, noch das „Bleiben" dieser Frucht, daß Christi Leiden und Christi Auferstehen in aller Welt verkündet und gefeiert wird, bis zu seinem Kommen — wäre erklärlich ohne den Impuls der gottmenschlichen „Sendung" der Apostel und ihrer Mitarbeiter und Nachfolger. Das Evangelium wird aller Kreatur verkündet und diese Verkündigung trotz aller äußeren Hemmnisse und inneren Verunstaltung mit Erfolg fortgeführt, weil hinter diesem Werke, das der Welt nichts weniger als homogen und opportun ist, einer steht, der Gewalt über die Zeiten hat (Matth. 28, 18) und kraft seiner ewigen gottmenschlichen Persönlichkeit seine Predigt mitwirkend unterstützt und bekräftigt (Mark. 16, 20). Darum nur konnte er mit solcher erstaunlichen Wirkung sprechen: „Gehet hin in alle Welt und machet zu Jüngern alle Völker, indem ihr sie taufet auf den Namen des Vaters, des Sohnes und des heiligen Geistes und sie lehret halten alles, was ich euch befohlen habe" (Matth. 28, 19. 20). In der Kraft dieses Befehles stehen wir Geistliche in unserem Amte und lehren wir, und nach der Treue, womit wir jenen Auftrag Christi in der Ausrichtung unseres Dienstes maßgebend sein lassen, werden wir auch Frucht schaffen, ob wir sie jetzt schon sehen oder nicht, und erfahren, wie uns ein geheimnisvoller Segen begleitet, der über unser schwaches, menschliches Vermögen weit hinausgeht und aller Machinationen des Feindes spottet.

Worauf ist es bei der Botschaft, an der wir stehen, abgesehen? Was ist die göttliche Absicht dabei, in welche der Bote bei seinem Werk einzugehen hat? Es ist nicht dieses oder jenes Gute, das in der menschlichen Gesellschaft Wert und einen guten Klang hat; denn das Christentum ist nicht ein Kulturverein oder ein Verein des Guten und Gemeinnützigen (Reiff). Es sind nicht diese oder jene Laster, gegen die die christliche „Predigt" zuerst sich wendet; denn, sagt Woltersdorf, belagert man eine Stadt, so greift man nicht die Luftschlösser, sondern die Festungs= werke an; nachher hat man jene von selbst. Es gilt, den Menschen selbst in seinem Kern, sein Herz zu gewinnen, Menschen zu fischen (Mark. 1, 17) und eigen zu machen dem, der uns errettet von der Obrigkeit der Finsternis (Kol. 1, 13), — in den Bereich, in das Reich dessen einzutreten, der uns errettet von dem künftigen und dem gegenwärtigen Zorn, unter dessen Wirkungen wir in dieser Welt stehen, bis wir an den Sohn glauben (Joh. 3, 36; 1. Thess. 1, 10). „Wenn ihr nicht glaubet, daß ich es bin, werdet ihr in eueren Sünden sterben," so lautet das Urteil (Joh. 8, 24) und so steht die Sache mit uns. Es gilt also, ihn aufzunehmen im Glauben, der in sein Eigentum kam mit dem Anspruch, das Leben und das Licht aller Menschen zu sein (Joh. 1, 4. 11. 12). Es ist der „Glaube", der aus der Predigt kommen soll, der Glaube an den Herrn Jesum Christum und „Gehorsam des Glaubens", wie St. Paulus wiederholt betont (Röm. 1, 5; 16, 26; 10, 17), — jener Glaube an Jesus den Christ, den Sohn Gottes, der nach St. Johannes allein die Welt überwindet (1. Joh. 5, 4. 5) und der zugleich ein Merkmal ist, ob der Geist der Wahr= heit in uns, oder ob noch der Geist des Irrtums in uns herr= schend ist (1. Joh. 5, 4. 5; 4, 2—6), ob wir von Gott oder von der Welt sind.

Wenn Johannes als Zweck der apostolischen Verkündigung das hinstellt: „Daß auch ihr mit uns Gemeinschaft habt, unsere Gemeinschaft aber ist mit dem Vater und mit seinem Sohne

Jeſu Chriſto" (1. Joh. 1, 3), — ſo iſt damit nicht ein zweiter anderer Zweck bezeichnet neben dem Glauben; vielmehr lernen wir daraus, was unter dem Glauben verſtanden wird: eine perſönliche Aufnahme Chriſti, wie denn in Joh. 1, 12 „ihn aufnehmen" und „an ſeinen Namen glauben" für ein und das- ſelbe erklärt wird. Wo Jeſu Wort ſähet und eine Statt findet (Joh. 8, 37), findet zugleich er ſelbſt Raum und Aufnahme, der nicht von unten, nicht von dieſer Welt iſt, und nicht allein iſt, noch allein zu uns kommt, ſondern mit dem Vater (Joh. 8, 16 ff.). Mit ſeinem gottmenſchlichen Perſonweſen geht Chriſtus, der andere Adam, der zum lebendigmachenden Geiſte verklärt worden iſt, in den Glauben ein, und es entſteht ſo eine Ver- bindung von erlöſender und aufbauender Kraft. Solche Glaubens- verbindung ſchafft die Predigt von Chriſto. Sie iſt ein Aus- fluß der höchſten Perſönlichkeit und ergreift die Perſönlichkeit des Menſchen im Innerſten. Sie wendet ſich weder aus- ſchließlich an das Gefühl, noch bloß an den Verſtand, noch an den Willen allein, ſondern an all dieſes zumal, an den ganzen Menſchen und ſucht ihn in Anſpruch zu nehmen für einen, der als unſer Herr uns ſein Eigentum, die Seinen nennt, und, wenn wir es auch unſererſeits ganz geworden, uns auch uns ſelbſt erſt recht giebt, daß wir in ſeinen Lebenskreis verſetzt, uns eines erhöhten Perſonlebens, der Kindſchaft Gottes, erfreuen können (Joh. 1, 11. 12). — Anderwärts in Joh. 10 wird dieſe Ge- meinſchaft unter dem Bilde einer Herde und ihres Hirten dar- geſtellt, wonach es Aufgabe der Unterhirten iſt, nicht bloß eine Lehre zu verkünden, nicht bloß über das Wort Gottes zu reden, ſondern Organ zu ſein, um die Menſchen dem guten Hirten ſelbſt zuzuführen, damit ſie bei ihm ſelbſt Leben und volles Genüge oder vollkommene Freude finden. Eine bloße Lehre kann nimmermehr dieſen Dienſt der Menſchheit thun. Erhabene, religiöſe und ſittliche Lehren kannte das Altertum ſchon längſt. Nicht nur die Propheten und Weiſen und heiligen Sänger

Israels, auch die Denker der Griechen und anderer Völker haben auf die Ziele des vernünftigen und seligen Lebens hingewiesen. „Denken, was wahr, empfinden, was schön, und wollen, was gut ist" — darin fand es schon Plato. Und doch gelang es weder Philosophen noch irgend einer außerchristlichen Religion, den Haufen zur Frömmigkeit, Gottesfurcht und Gewissenhaftigkeit zu führen. Warum? weil es Ideale und Lehren nicht thun; weil so das Joch des Welt- und Eigensinns und die Mühsal seiner Folgen nimmermehr gebrochen wird, wir vielmehr der Sünde Sklaven bleiben, bis wir frei gemacht werden durch den Sohn (Joh. 8, 34. 35).

„Kommet zu mir" — so lautet sein Ruf und kann sein Ruf lauten, weil seine heilige, in Liebe sich herablassende Person selbst es ist, die den Zauber der Welt löst, die Gottesferne unseres Herzens aufhebt, die Kluft zwischen den Sündern und dem Heiligen überbrückt und neue Gotteskräfte der sterbenden Welt einflößt durch die Mysterien einer sakramentalen Selbstmitteilung an die durch das Evangelium gesammelten Glieder. Von hier aus läßt sich die Sorge verstehen, die der Herr nicht bloß für die Fortpflanzung seiner Lehre, sondern zugleich für die Sammlung, Erbauung und geistliche Ernährung seiner Gemeinde hatte, die da ist sein Leib, von seinem Fleisch und von seinem Gebein (Ephes. 5).

Der unmittelbare Zweck der „Predigt" ist also, die Menschen zu Christo zu führen, zum Glauben an ihn, zur Gemeinschaft mit ihm, deren Art und Charakter wir später kennen lernen. — Mit diesem unmittelbaren nächsten Zwecke ist aber der weitere dreifache Zweck gegeben, — der in den Worten Rettung, Heiligung und Beseligung liegt. „Er wird sein Volk retten von ihren Sünden," lesen wir Matth. 1, 21. Also das erste ist: daß ihm ein Volk gesammelt werde im Glauben; das andere, das sich an dieses Werk anknüpft und mit die göttliche Absicht beim Evangelium bildet, ist: Sein Volk soll gerettet werden von ihren Sünden. Denn „retten, erlösen" bedeutet im Grunde das Wort σώζειν doch, und es muß festgehalten werden, daß Beseligung nur möglich ist auf dem Grunde der Befreiung von Sünden. So ist es also ein Rettungswerk, dem das christliche Amt am Evangelium dient. Dies darf bei keiner unserer amtlichen Handlungen und Bezeugungen vergessen werden. Die Gebundenen, oft unwissend Gebundenen, sollen nicht unsere Hände binden, indem sie unser Lehrwort bestimmen, oder ungebührlich beeinflussen, sondern wir sollen sie lösen. Lösendes Wort, welches das Sündendunkel aufhellt, und rettende That, die aus dem Jammer der Zeit und der Gemeinschaft des verdrehten Geschlechts heraus führt zur Ruhe in Christo, — ist die Aufgabe der Diener und Träger des Evangeliums. Das ist etwas ganz anderes und viel Schwereres als jenes Geschäft der Religion des Ideals, welche darin besteht, daß bei der Misère des Lebens in einer Idealwelt, die nirgend wirklich wird, Trost und Vergessenheit gesucht wird, was Claudius mit dem Spielen eines Stückleins auf dem Posthorn vergleicht, womit der Postillon den Passagier zu trösten sucht, der ein Bein gebrochen hat. Heilen, oder Anstalten treffen, daß der Unglückliche geheilt und sein Bein wieder eingerichtet werden kann, ist das Angezeigte. Eine solche Heilanstalt ist die christliche Kirche, und alle ihre Angehörigen sind Patienten, im besten Falle Rekonvaleszenten. Was haben daher Gesunde mit der Kirche, Gerechte mit Christus und seinem Evangelium zu thun? Den verlorenen Schafen (Matth. 10, 6; Luk. 19, 10) des Hauses Israel gilt zuerst die Botschaft, und mit denen, die sich nicht als verloren erkennen, die da sagen: (Joh. 9, 39—41) „wir sind sehend" — ist zunächst nichts anzufangen, es wäre denn, sie gestatteten dem Boten des Evangeliums, sie von ihrer Blindheit zu überführen.

Wenn wir erwägen, daß alles Heil, alles gute Werk, das sich in Zeit und Ewigkeit an die Erkenntnis Christi knüpft, nur da möglich und zu erwarten ist, wo das Bedürfnis einer Rettung erkannt wird, die bei Menschen unmöglich, nur bei Gott möglich ist, — wie müssen wir doch den glücklich preisen, der es zu dieser schmerzlichen Erkenntnis hat bringen können, gleich New= ton, welcher, da er auf dem Totenbette mit seinem unsterblichen Nachruhm getröstet wurde, in folgendes Geständnis ausbrach: „Ach Freunde, das einzige freut mich jetzt, daß ich zweierlei erkannt habe, erstens, daß ich vor Gott ein großer Sünder bin, und daß der Herr Jesus Christus ein viel größerer Heiland ist." Auch in Titus 2, 11—14 ist als erste Frucht der göttlichen Päda= gogik im Sohne die Verleugnung der Gottlosigkeit und der weltlichen Lüste genannt, also Rettung vom Bösen, oder Er= lösung von aller Ungerechtigkeit (anomia), der wir eben in Stolz und falscher Liebe verhaftet sind. Und als weiterer Zweck der Gnadenerscheinung Jesu Christi wird genannt die züchtige, ge= rechte und gottselige Haltung und Gestaltung des jetzigen Lebens oder die Heiligung, bei der wir in Harmonie gebracht werden mit unserem besseren Ich, mit dem Nächsten und mit dem Herrn des Lebens. — Endlich als dritter Endzweck, welchem die Hin= gabe Christi und die Sammlung zu seinem eigentümlichen Volke dient, wird in Titus 2 genannt: Die selige Hoffnung und Er= scheinung der Herrlichkeit unseres Gottes und Heilandes oder die Beseligung der Christen im verheißenen ewigen Reiche. Unsere Arbeit dient Zwecken, die über irdische Wohlfahrt weit hinaus liegen. — Auffallend übereinstimmend wird auch an vielen andern Stellen der heiligen Schrift Rettung, Heiligung und Beseligung als die dreifache Liebesabsicht Gottes hingestellt, die er mit seinem Evangelium bei uns hat. So 1. Thess. 1, 9. 10, wo als Frucht des Eingangs des Apostels bei den Thessalonichern ein dreifaches genannt wird: 1. Ihr habt euch bekehrt von den Abgöttern (Rettung); 2. zu dienen dem leben= digen und wahren Gott (Heiligung); 3. zu warten seines Sohnes vom Himmel, den er auferweckt hat von den Toten, Jesum, der uns errettet von dem zukünftigen Zorn (Hoffnung und Gewiß= heit künftiger Beseligung).

Das ist die Botschaft des Evangeliums, ihr Inhalt, ihr Ursprung und ihr Endzweck.

Seien wir „Diener am Wort" auch Botschafter an Christi Statt, in solcher glaubensgehorsamer Hingabe, daß Gott durch uns ermahnen kann und daß wir in unseren Gemeinden nichts wissen, als Jesum Christum, den Gekreuzigten und Auferstandenen (1. Kor. 2, 1. 2; 2. Kor. 5, 20). Dann wird unser Wort, unser Zeugnis, wenn auch in Schwachheit und oft mit Furcht und nach großer Angst abgelegt und von vielen als göttliche Thorheit verachtet, sich doch weiser und stärker beweisen als die Menschen sind (1. Kor. 1, 25), — nämlich als eine Kraft Gottes, selig zu machen alle, die daran glauben (Röm. 1, 16).

III.

Trugschlüsse moderner Moral

mit Rücksicht auf Gizycki's Moralphilosophie und die „Gesellschaften für sittliche Bildung."

Diese Arbeit ist veranlaßt durch die von Gizycki ge=schriebene Moralphilosophie (Leipzig, Verlag von Wilhelm Friedrich, 538 Seiten). — Sie ist sehr ideenreich und inter=essant geschrieben, verbindet gemeinverständliche klare Sprache mit logischer Präzision und exakter wissenschaftlicher Methode, orientiert sowohl auf philosophischem als praktischem Boden und regt zum Denken nicht wenig an. Sie ist auch mit dem mora=lischen Gehalt unserer Zeit erfüllt und weiß ihn systematisch zu gestalten. Hierin liegt aber nicht nur ihre Stärke, sondern auch ihre Schwäche, wenn nicht gar principielle Lüge, die zum ent=schiedenen Widerspruch herausfordert. Indem wir diesem Wider=spruch Ausdruck geben, hoffen wir zweierlei zu erreichen: einmal vor manchen in der Luft liegenden gefährlichen Irrtümern uns zu schützen, sodann zu neuer Freude an dem in der göttlichen Offenbarung uns gegebenen Gesetz und Evangelium uns aufzu=rufen. „Herr, wende von mir den falschen Weg und gönne mir dein Gesetz" — beten wir mit dem Psalmisten (Pf. 119, 29).

Treten wir zuerst an den Begriff des Sittlichen heran, so findet Gizycki die höchste Richtschnur der Sittlichkeit, um es kurz zu sagen, in der bestmöglichen Beförderung der allgemeinen Wohlfahrt.

Darauf kommt er durch die Beobachtung, daß alle die=
jenigen Charaktereigenschaften, welche die öffentliche und allge=
meine Billigung finden, solche sind, die die allgemeine Wohl=
fahrt zur Folge haben, wie die der Gerechtigkeit, Treue, Wohl=
wollen, Reinheit, Wahrhaftigkeit ꝛc. ꝛc. Umgekehrt wirken die
getadelten Charaktereigenschaften allgemein=schädlich. Die Tugen=
den sind sämtlich glückschaffende und elendverhütende Kräfte,
während die Laster Glück vernichten und Elend hervorbringen.
Alle Regeln der Pflicht haben das Gemeinsame, daß sie das
Gesamtwohl fördern. — Ausnahmen sind nur scheinbar. So
ist Schädigung des Wohles sittlich, wenn auf Kosten des Ein=
zelnen dem Gesamtwohl dadurch gedient wird, wenn z. B., um
das ganze Schiff zu retten, Eigentum eines Einzelnen über Bord
geworfen wird. Je primitiver die Civilisation und sittliche
Bildung, desto enger ist allerdings der sittliche Horizont, daß
nur das für lobenswert gilt, was dem Einzelnen oder seiner
Stammesgenossenschaft nützlich ist, wie Mut, Klugheit, Geschick=
lichkeit. Das Gebot, die allgemeine Wohlfahrt oder das Glück
der Menschheit zu befördern, sagt Gizycki, ist nicht die Forde=
rung, jeden glücklich zu machen, — was etwas Unmögliches
verlangen hieße, — auch nicht die Zumutung, sich selbst und die
Nächsten über den andern zu vernachlässigen. Würde nicht die
Menschheit zu Grunde gehen, wenn ein jeder stets an anderer
Wohl und nie an sein eigenes dächte? Wenn wir für Menschen
sorgten, deren wahre Bedürfnisse wir gar nicht kennen, und
andere vernachlässigten, mit deren Umständen wir genau vertraut
sind? Der Mensch richte sich auf das, was seinem eigenen wahren
und dauernden Glück und dem Wohl der Gesellschaft entspricht.
— Für die Ansicht, daß Leben und Glück die Richtschnur des
Sittlichen sei, spreche auch der Umstand, daß das Leben Er=
haltende lustvoll, das Leben Schädigende dagegen leidvoll sei. —
Ferner die große Übereinstimmung der civilisierten Völker im
sittlichen Urteil und speziell hierin. Der kategorische Imperativ

lautet also: Strebe nach Gewissensfrieden, indem du dem Wohle der Menschheit dienst.

Diese Fassung des Begriffs des Sittlichen kann uns aber nicht befriedigen.

Gizycki selbst muß seinen kategorischen Imperativ vielfach limitieren und abschwächen. So gesteht er, indem er dabei auf eine Aussage John Stuart Mills sich beruft, daß $^{99}/_{100}$ unserer Handlungen aus andern Triebfedern gethan werden, ohne unsittlich zu sein, wenn dabei nur nicht das Wohl der Menschheit verletzt wird. Die allgemeine Wohlfahrt könne im Fall des wirklichen Handelns nicht das direkt gewollte und vorhergesehene Ziel sein; zum Motiv des Handelns eigne sich nur ein näheres, bestimmt umgrenztes Ziel. Motiv und Regel des sittlichen Handelns dürfe nicht verwechselt werden. Es genüge das Bewußtsein, recht gehandelt, das Beste gewollt, vor dem innern Richter ohne Tadel bestanden zu sein. — Aber liegt nicht das richtige sittliche Handeln nach Gizycki eben doch in der bestmöglichen Förderung des Allgemeinwohls, und hat nicht hienach der innere Richter zu richten? Wer fühlt hier nicht eine gewisse Inkongruenz?

Wie die Moralisten des Allgemeinwohls sich genötigt sehen, aufs Wohl der Allernächsten zunächst zu rekurrieren, haben wir schon gesehen. Allerdings wird durch Förderung des eigenen Wohls der öffentlichen Wohlfahrt auch gedient und diese sittliche Richtschnur bekommt dadurch eine etwas annehmbarere Fassung, daß erklärt wird: „Lebe so, daß dein Verhalten zum Besten des Ganzen sich allgemein machen ließe." — Aber auch so kann diese Richtschnur des Sittlichen: bestmögliche Förderung der allgemeinen Wohlfahrt — nicht genügen. Aus folgenden Gründen:

Wohlfahrt ist nicht das Erste und Bestimmende im sittlichen Leben, weder eigene noch fremde. Dieser Grundsatz bleibt Eudämonismus, auch wenn dies nach Glück strebende Handeln auf das ganze Geschlecht gerichtet ist. Wohl ist Glück und Befriedigung, zunächst nicht äußere, mit sittlichem Handeln verbunden, aber als Folge, und die Folge kann nicht zum Princip der Ethik gemacht werden. — Die Folgen können überhaupt von Menschen nicht übersehen werden. Wie soll das Individuum, wie es gewöhnlich ist, erkennen können, was der allgemeinen Wohlfahrt dient! Was für verwickelte Vernunftthätigkeiten wären erforderlich, um festzustellen, was recht ist! Wie viel ist erforderlich, um nur den Einfluß einer Handlung auf unser eigenes Lebensglück zu bestimmen, und was erst, um die Folgen unseres Thuns auf das Wohl aller festzustellen! Es müssen daher unsere Moralisten, Gizycki und seine zahlreichen gleichgesinnten Amerikaner und Engländer, abermals limitieren und sagen: Suche wenigstens die Folgen deines Handelns für Glück oder Elend der Menschheit festzustellen, soweit du es kannst. Weil es dann schwierig ist, den Einfluß des Thuns auf das Gesamtwohl zu berechnen, so wird uns gelegentlich der Rat gegeben, es sei in der Regel sicherer, die sittlichen Einzelvorschriften zu befolgen, die längst aus der Erfahrung der Völker abgeleitet worden, und seinen moralischen Instinkten oder den allgemeinen Moralregeln zu folgen. Da erhebt sich die Frage: Woher diese Instinkte? Kann da die Beobachtung als Leitstern dienen, daß das Sittliche, also Lebenerhaltende, lustvoll sei? Steht dieser Erfahrung nicht die andere entgegen, daß vieles Lustvolle Leid zur Folge hat und insofern viele Menschen die Freude zu teuer erkaufen. Auf das Gefühl eines Trinkers übt das näher liegende Wohlsein leiblicher Befriedigung eine größere Macht aus als der Gedanke an sein entferntes Wohl und das Wohl der Seinigen. Nur langsam reift die vernünftige Selbstliebe, d. h. die Rücksicht auf das Gesamtwohl des ganzen Lebens und erlangt nur durch Erziehung, Selbsterziehung und Erfahrung größere Kraft und Klarheit. — Sollte nun der Mensch erst sittlich handeln können, wann ihm ein Licht über die Folgen seines Thuns aufgegangen und die Illusionen in Bezug auf das erstrebte Glück zerstört worden sind? Nein! — Es ist dir, o Mensch, gesagt, was recht ist. Der Maßstab des Sittlichen liegt anderswo.

In gar verschiedener Weise ist der Begriff des Sittlichen fixiert worden. Während die modernste Moral allgemeine Wohlfahrt, der alte Eudämonismus individuelles Glück zur Richtschnur machte, setzt Rothe nach Schleiermacher das Sittliche in die Überwindung der Natur durch die Vernunft, Socialethiker der Malthus'schen Schule gerade umgekehrt in die Befreiung vom sogenannten Spiritualismus durch Pflege körperlicher Kraft und Gesundheit. „Die Kraft unserer körperlichen Begierden, heißt es da, ist die Probe und Gewährleistung wahrer männlicher Tugend." „Du sollst essen," ist hier das erste Gebot. Appetit sei so gut eine Tugend als Liebe zur Wahrheit und Schönheit und derselbe Grundsatz auf jedes andere physische Verlangen anzuwenden. Die Ethik wird zum Teil zur Physiologie, oder man sagt etwa auch umgekehrt: Moral und Psychologie müsse das Tier einschließen, und solange dies nicht geschehen, solange man in der Moral noch von transcendenten und theologischen Principien ausgehe, existiere noch keine wahre Wissenschaft des Geistes, der nichts anderes als eine Erscheinung, ein Prozeß auf psycho-physiologischer Grundlage sei. Mehr und mehr dringen solche Grundsätze durch und fangen an, die Socialethik und Staatsökonomie mit ihrem Sauerteig zu durchsäuern, womit zusammenhängt, daß der Staat aus einem Rechtsstaat immer mehr zu einer socialen Verwaltung wird, die für Brot und Spiele zu sorgen hat, bis ihr die ganze Aufgabe über den Kopf wächst. Diese Schule nennt es eine leere Prahlerei, von Sieg des Geistes über die Materie zu reden, da die Gesetze und Macht der letzteren nicht ungestraft geringgeschätzt werden dürften und die Strafe der Natur in unsern Tagen in Mangel an Männlichkeit, an Mut und Selbstvertrauen, in Schwindsucht, in

Pessimismus und Verzweiflung sich zeige, woran hauptsächlich der entnervende Spiritualismus schuld sei. Einem solchen schwindsüchtigen Geschlechte, das von Selbstgefühl und Energie wenig genug besitze, Demut und Entsagung zu predigen, sei so sinnlos wie das Blutlassen für den Schwachen. So führt ein Extrem, die Vernachlässigung des natürlichen und leiblichen Faktors des Lebens, zum andern Extrem, zu seiner ausschließlichen Geltendmachung. — Ähnliche Gegensätze finden sich schon im Altertum. Man denke an die Stoiker und Epikuräer. Während diese sich in den Strom des sinnlichen Lebens hineinwarfen, ergriffen die ersteren vor der Welt die Flucht, indem sie mit Verachtung und Resignation auf ihre Unbilden und ihre Inkongruenz mit der Ideenwelt hinwiesen. Das Christentum ist weder das eine, noch das andere; weder Weltfreundschaft noch resignierte Flucht vor ihr, sondern Überwindung der Welt durch Stehen in ihr, durch Kämpfen und Siegen im Glauben an den, der nicht von dieser Welt war.

Was nun die großen spekulativen Theologen und Philosophen der Neuzeit betrifft, Schelling, Hegel und Schleiermacher, so haben sie allerdings den Gedanken einer sittlichen Welt zum wissenschaftlichen Bewußtsein erhoben. Weil es aber auf pantheistischer Grundlage geschehen ist, so kommt hier, ähnlich wie bei Schopenhauer, das Sittliche nicht zu seinem vollen Recht; es fehlt eben die wahre sittliche Pulsader: das Verhältnis zweier Subjekte oder Persönlichkeiten. Das Ethische ist hier sozusagen ein theogonischer Prozeß, nicht ein verbindliches Sollen. Schleiermacher z. B. verweist das Sollen aus der Ethik, weil die Vernunft ihr Problem (Überwindung der Natur) selbst löse, was ein Vorgang, kein Sollen sei. Das Absolute bedient sich des Menschen als eines Instrumentes, um seine logischen Figuren oder seine Wesenheit zu verwirklichen. Darum ist in jenen Systemen die Architektonik der sittlichen Welt, der Kreis der sittlichen Sphären, nicht die Persönlichkeit

Inhalt der Ethik, wodurch diese sich immer mehr von der Sittenlehre Jesu entfernt. Christus hat sich wenig beschäftigt mit dem, was Hegel Sittlichkeit nennt, und mit ihren Sphären, Familienbande, Gewerbsthätigkeit, Staat, Kunst, Wissenschaft, — und Hegel versteht sich schlecht auf das, was bei Christus Basis und Gipfel des Moralischen ist, auf Liebe und Seligkeit. „Liebe zu allen Menschen, sagt er, nicht bloß gegen einige Besondere, ist ein leeres Aufspreizen," — und in Bezug auf Seligkeit und Glück lesen wir (Hegel, Rechtsphilosophie § 124): „Die Befriedigung der Subjektivität muß als Täuschung verschwinden, wo das Gute in seiner wahrhaften Gestalt erkannt wird, daß es in Realisierung der objektiven Institute (bürgerliche Gesellschaft, Staat) besteht."

„Ich bin der Herr, dein Gott," — so steht's an der Spitze des Dekalogs! Gottes Wille und Gesetz ist der sichere Führer, wo Vernunft und Gefühl uns verlassen in Bestimmung dessen, was zu thun und zu lassen, was zum dauernden Wohl, zum Aufbau des Reiches der Sittlichkeit, der Wahrheit und des Lebens führt, und was nicht. In diesem Wort haben Pflicht und Sittlichkeit ihren Grund, Richtung und Ziel, Verbindlichkeit und Kraft. Diese Orthodoxie der 10 Gebote schmeckt zwar dem modernen Menschen längst nicht mehr. Er will autonom sein, die Regel des Handelns nur in sich selbst finden und von Heteronomie, wie er den Gehorsam gegen Gottes Gesetz nennt, nichts wissen. Auch Gizycki meint, Gehorsam gegen einen andern sei nur im Kindesalter, im unentwickelten Menschen und Menschengeschlechte am Platze und die gesunde Entwicklung führe aus dem Zustand der Heteronomie zu dem der Autonomie. Wenn der moderne Mensch eine Pflicht anerkenne, so beuge er sich nicht vor Etwas oder Einem außer ihm, sondern einzig vor dem Besten in ihm selbst. Selbst wenn ein Gott das Gute ihm gebäte, so wäre das Thun desselben nur dann sittlich, wenn es gethan würde, weil es gut sei, der eigenen inneren sittlichen

Natur des Menschen entspreche. Die Sanktion der Pflicht liege nicht in dem äußeren Übel, das etwa der Übertretung folge, sondern in des Menschen Selbstverurteilung.

Die Moralisten, mit denen wir es zu thun haben, können nicht umhin, die Worte: „Du sollst" „Sittengesetz" rc. auch zu gebrauchen, obschon diese Worte das Dasein eines andern voraus= setzen, der uns befiehlt, dem wir verbindlich sind. Aber sie er= klären, die Worte seien nur uneigentlich zu nehmen und bedeuten nur so viel als Ideal: „Der Gedanke des Besseren, durch Ver= gleichung entstanden, die Vorstellung, daß wir es herbeiführen können, die Sehnsucht, es herbeizuführen, das Gefühl, daß wir es herbeizuführen verpflichtet sind — das sei der wahre moralische Hebel, die Quelle des Fortschritts. An der Schöpfung des Ideals hätten Vernunft und sittliches Gefühl gleicherweise Anteil. Sie zusammen bilden sozusagen eine Autorität, die über Recht oder Unrecht entscheidet. Mit Autorität reden ist daher nichts anderes, als etwas sagen, was vermöge seiner Ver= nünftigkeit im andern Achtung erregt. — Recht und Unrecht sind nur allgemeine Ausdrücke für Wertschätzung von Hand= lungen, die zu moralischen Gefühlen in Beziehung stehen. Diese Gefühle der Wertschätzung, erklärt Gizycki, sind die letzte Grundlage der Moral; woher sie kommen, weiß die Moral nicht; das mag der Psychologe oder Anthro= pologe untersuchen."

Wer fühlt nicht, daß hier eine Lücke ist, die mit Verwei= sung auf die Anthropologie nicht ausgefüllt ist. Immer wieder drängt sich die Frage auf: Woher kommt das Bindende, Verpflichtende der sittlichen Regeln, dem handelnden Subjekte gegenüber, wenn dieses bei seinem Handeln einzig an seine eigenen Gefühle, also an sich selbst, gewiesen ist? — Wenn der Appell an die Gefühle alles ist, wird die Summe derselben nicht von selbst zustande bringen, was ihnen entspricht? Woher der Im= perativ: Du sollst, wenn alles ein Naturprozeß ist, bei welchem, wie wir später hören, die Entscheidung eines freien Willens ausgeschlossen bleiben soll? Vernunft und Natur reden nur im Indikativ, nicht im Imperativ, wissen nur von einem Sein, nicht von einem Sollen.

Wohlverstanden! Wir leugnen nicht im entferntesten die sittliche Natur des Menschen, jenen kategorischen Imperativ in ihm selbst, der ihm zuruft: du sollst und du sollst nicht! Aber die Natur dieses Imperativs sowie die des Menschen nötigen uns, in demselben etwas Abgeleitetes zu erkennen, ihn auf eine höhere Quelle zurückzuführen, — auf Gottes Willen und Wesen. Reden wir im Sittlichen von Gebot, so rekurrieren wir eben auf den göttlichen Willen, in welchem das Gute sein bindendes Ansehen hat; reden wir von Pflicht, so denken wir an die unmittelbare oder vermittelte Wirkung jenes göttlichen Willens auf das menschliche Subjekt. Nicht nur die Autorität, womit die Pflicht sich geltend macht dem menschlichen Belieben gegenüber, weist auf die höhere Quelle des Sittlichen; auch der Inhalt dieses ist ohne jene göttliche Quelle nicht zu verstehen. Gewisse Pflichten und Tugenden, die doch da sind, lassen sich bei atheistischer Moral nimmermehr erklären; christliche Ethik hat überall andere Gebote als z. B. die Spinozistische, Hegel'sche.

Inhalt sowie Sanktion des Sittlichen kann nur von einer absoluten Ursache, von dem persönlichen Gott ausgehen. Er ist das sittliche Urbild und die sittliche Urmacht; mit jenem ist der Inhalt, mit dieser das Verbindliche des Sittengesetzes gegeben. Es ist das Verhältnis zweier persönlicher Willen, des göttlichen und des kreatürlichen, was das Wesen des Ethos, des Sittlichen ausmacht, es ist ein Sollen, eine Verbindlichkeit, sofern der Mensch abhängig ist von seinem Gott und ihm verbindlich als seinem Wohlthäter; es ist aber auch ein dem Menschen immanentes Gesetz, sofern er ein selbständiges persönliches Geschöpf ist. Der Inhalt christlicher Sittlichkeit ist beides: sowohl Unterwerfung unter das Ansehen Gottes

(1. Tafel), als Erfülltwerden mit seiner Beschaffenheit (2. Tafel). Was der Apostel lehrt: „Ihr sollt heilig sein (womit auch Liebe, Barmherzigkeit, Gerechtigkeit geboten ist), denn ich bin heilig" — das hat schon Cicero geahnt (de leg. I, 8): „Est autem virtus nihil aliud, quam in se perfecta et ad summum perducta natura, est igitur homini cum deo similitudo."

Unvermeidlich ist die Alternative: Entweder ist Gott — dann kann es keine von ihm unabhängige Moral geben; oder er ist nicht, dann löst sich die Moral auf im Handeln nach subjektiven Gefühlen und Interessen, wobei die Rücksicht auf die Mitmenschen nur ein Gebot der Vernunft und Klugheit ist. Was dem in der Erfahrung zu widerstreiten scheint, ist eben doch nur ein Schein. Einem holländischen Studenten schrieb Darwin 1873 (9 Jahre vor seinem Tode), daß er geneigt sei, eine Gottheit anzunehmen, daß aber bei dieser Voraussetzung das ungeheure Maß des Leidens in der ganzen Welt eine ernste Schwierigkeit sei. „Der sicherste Schluß scheint mir, erklärte er, daß der ganze Gegenstand die Kraft der menschlichen Intelligenz übersteigt; aber der Mensch kann seine Pflicht thun." (Darwin's Werke. Englisch vol. I chap. VIII., Religion, p. 306—308).

Ja, der Mensch kann seine Pflicht thun oder meinen, seine Pflicht zu thun, weil auch der Zweifler in Gottes Haushalt steht und eine Menge moralischer Impulse empfängt, ohne der wahren und letzten Quelle bewußt zu sein.

Noch von einem weiteren Gesichtspunkte aus werden wir zur Annahme des höheren Ursprungs unseres sittlichen Bewußtseins geführt, welcher für dieses die Quelle und die Autorität bildet.

Gizycki selbst, obschon er das radikale Böse Kant's verwirft, giebt zu, daß sittlich betrachtet eine doppelte Seite im Menschen vorhanden sei, eine, die das Gute will, und eine, die vom Guten abführen würde. Wie ist es anders denkbar, als daß die gute Seite nicht unberührt von der bösen bleibt und daß somit die sittliche Instanz, sofern sie nur innerhalb des Menschen zu suchen ist, gefährdet wäre? Fleisch und Blut werden mit Verstand und Gefühl leichtlich Freunde, denn sie wohnen mit diesen unter einem Dache, und nicht umsonst heißt in der französischen Verbrechersprache das Gewissen „die Stumme." Es kann stumm gemacht werden und wird stumm gemacht in dem depravierten Menschenwesen. Soll von einem unbedingt geltenden Sittengesetz die Rede sein, so muß es über dem menschlichen Subjekte als ein Höheres stehen. Vernunft und Gewissen machen nicht die Gesetze der Wahrheit und Sittlichkeit, sie erkennen sie bloß.

Mit der Anerkennung Gottes als der Urmacht und des Urbildes der Sittlichkeit sind für diese zugleich die stärksten Motive gegeben. Aus der Kreatürlichkeit und Abhängigkeit des Menschen resultiert der Gehorsam oder die Ehrfurcht; aus dem Wesen der selbständigen Persönlichkeit und ihrem freien Verhältnis zur Urpersönlichkeit erwächst die Liebe. Der Gehorsam in Furcht geht voran und ist die Wurzel (Altes Testament); die Liebe ist die höhere Vollendung (Neues Testament, Christus). Handeln nicht nur aus Pflicht, sondern aus Liebe, aus Liebe zu Gott und seinem Ebenbilde ist ein Höheres, wie überhaupt Liebe zur Person das Geistigste ist, eine That des Willens, in der er seine höchste Freiheit findet. Eine abstrakte Liebe, wie bei Spinoza, zu einem Gott, der selbst der Liebe unfähig ist, zu einer Substanz, welche sich um das Wohlsein der Wesen, in welchen sie lebt, nicht kümmert, ist kein rechtes sittliches Motiv, sondern schafft eine Gemütsverfassung, wie sie wohl einem Schopenhauer, nicht aber uns, begehrenswert erscheinen kann. In Welt als Wille (I, 447) sagt Schopenhauer: „Während der, welcher noch im Egoismus befangen ist, nur einzelne Dinge und ihr Verhältnis zu seiner Person erkennt, und jene dann zu immer erneuten Motiven seines Handelns werden, wird hingegen die Erkenntnis des Ganzen, des Wesens der Dinge an sich, zum Quietiv alles und jeden Wollens. Er erkennt das Ganze, faßt das Wesen desselben auf und findet es in einem steten Vergehen, nichtigen Streben, innern Widerstreit und beständigem Leiden begriffen, sieht, wohin er blickt, die leidende Menschheit und die leidende Tierheit und eine hinschwindende Welt. Der Wille wendet sich nunmehr vom Leben ab; ihm schaudert jetzt vor dessen Genüssen, in denen er jetzt die Bejahung desselben erkennt. Der Mensch gelangt zum Zustande der freiwilligen Entsagung, der Resignation, der wahren Gelassenheit und gänzlichen Willenslosigkeit."

Wie ganz andere, kräftige Motive zum sittlichen Handeln und Leiden führt die Erkenntnis des Gottes mit sich, der die Liebe ist! Ist er die Liebe, so führt er die, welche ihm folgen, zum Wohl, zum wahren und dauernden Wohl, wenn auch durch Schmerz, vermöge seiner Heiligkeit und vermöge der Größe der Seligkeit, zu welcher wahre Sittlichkeit schließlich ausmündet. Das große Maß des Leidens in der Welt macht bei der Annahme einer Gottheit nur da Schwierigkeit, wo man von deren Heiligkeit zu niedrig, von dieser dahinschwindenden Welt, vom „Willen des Fleisches und der Vernunft" (Ephes. II, 1—3) aber zu hoch denkt und von der zukünftigen Welt nichts weiß. — Indem Darwin das Leiden der Geschöpfe eine Schwierigkeit nennt, giebt er damit zu, daß „Seligkeit" ein ethisches Motiv ist, wie Christus sie als solche sanktioniert hat. (Vgl. die Seligpreisungen der Bergpredigt.)

Wie stellen sich nun unsere Moralisten neuester Schule zu den Begriffen der Freiheit des Willens, der Verantwortlichkeit und der Strafe? Erstere, die Willensfreiheit, leugnen sie; letztere aber, Verantwortlichkeit und Strafe, lassen sie gleichwohl gelten, gleichsam genötigt durch das Strafbedürfnis unserer Zeit, die sich sonst des Lasters und der Ungerechtigkeit nicht erwehren könnte. Sonst meint man, Verantwortlichkeit und Willensfreiheit stehe oder falle zusammen; doch bei einigen logischen Kunstgriffen ist es um letztere gethan und die erstere doch gerettet. Man höre.

Um Kant's praktische Freiheit (die Unabhängigkeit des Willens von der Nötigung durch Antriebe der Sinnlichkeit) und dessen transcendente Freiheit (das Vermögen, eine Reihe von successiven Dingen, Vorgängen oder Zuständen von selbst anzu= fangen) zu Falle zu bringen, wird gerade auf Kant's Entdeckung von der Allgemeingültigkeit des Kausalzusammenhangs rekurriert. Jede Veränderung müsse wieder eine Veränderung zur Ursache haben; somit gebe es kein ursachloses freies Wollen. Jenes Kausalgesetz und der Empirismus lehren, daß alles, was ge= schehe, einen vorangegangenen Zustand voraussetze, aus welchem es unausweichlich nach einer Regel hervorgehe. So stehe auch das Geborenwerden mit bestimmten sittlichen Anlagen, sowie jede einzelne sittliche That, unter dem Kausalzusammenhang der Natur. Schopenhauer sagt: Bei Willensfreiheit wäre jede menschliche Handlung ein unerklärliches Wunder, eine Wirkung ohne Ursache. Ja, er geht noch weiter und erklärt: „Der in= dividuelle Charakter ist angeboren, ein Werk der Natur. Auf den Willen kann durch Motive eingewirkt werden; aber diese können nicht den Willen selbst ändern, nur die Richtung seines Strebens ändern, d. h. machen, daß er das, was er unver= änderlich sucht, auf einem andern Wege sucht als bisher. Mohammed's Paradies z. B. kann einmal in der wirklichen Welt, ein andermal in der imaginären Welt, einmal durch Klugheit und Gewalt, ein andermal durch Enthaltsamkeit und Gebet gesucht werden."

Aber gerade Schopenhauer kann nicht umhin, an anderer Stelle sich selbst zu widersprechen und zuzugeben, die Verwerfung der Freiheit widerspreche unserem Gefühl der Verantwortlichkeit. „Wir sind uns der Freiheit mittelst der Verantwortlichkeit bewußt."

Wie einer ist, so muß er handeln. Aber in seinem esse, in seinem Sein, da liegt die Freiheit. Er hätte ein anderer sein können; und in dem, was er ist, liegt Schuld und Verdienst." (Schopenhauer, Werke IV, Band II. S. 176 f.)

Die persönliche Verantwortlichkeit des Menschen ist eine zu allgemein bezeugte Thatsache, als daß wir nicht von dieser Thatsache, der Selbstanklage, der Reue, des Schuldbewußtseins, der als Gerechtigkeit dahin genommenen Strafe zurückschließen dürften: Der und der schuldige Mensch hätte anders handeln können! Gizycki sagt nun freilich: er konnte anders handeln, wenn er gewollt hätte; darum ist er verantwortlich und strafbar, wenn sein Wille, bei physischer Möglichkeit, anders zu handeln, sich doch schlecht entschieden hat; er ist strafbar, wenngleich, vermöge des Charakters und der Motive, keine andere Entscheidung für den Willen möglich war. Ist das nicht Sophistik? Zeugt nicht das lebendige sittliche Bewußtsein dafür, daß eine andere Entscheidung des Willens möglich war, und bezieht sich nicht darauf, nicht auf die physische Möglichkeit, die Reue? Dem Einwand: wo bleibt die Berechtigung des Strafens, wenn alle Handlungen nicht anders geschehen können, als sie geschehen? — weiß unser Dialektiker dadurch zu begegnen, daß er die Strafe nicht als Erweis der Gerechtigkeit, sondern als ein Mittel betrachtet, der Schwäche der sittlichen Motive abzuhelfen. Er sagt: wohl würde das Kind, das gefehlt, oder der Verbrecher, bei gleicher innerer und äußerer Konstellation mit Notwendigkeit wieder ebenso handeln wie vorher. Aber, nachdem sie gestraft sind, ist die Konstellation nicht mehr die nämliche! Infolge der Strafe sind zu den bereits gegebenen inneren Motiven, resp. Gefühlen andere, neue hinzugetreten, die vielleicht eine andere Entscheidung möglich machen. — So wäre denn nach dieser Theorie die Strafe nichts Weiteres als ein Vorbeugungsmittel, eines der verschiedenen Motive des Willens, und der Wille würde von diesen ihm gegebenen Motiven allen mit Notwendigkeit geleitet, einer Maschine gleich. Der Gedanke von Wiedervergeltung wird von Gizycki durchaus abgelehnt; denn Vergeltung sei Rache und Rachegefühl etwas Unsittliches, und Paulus mahne: „Rächet euch selber nicht." Er übersieht jedoch, daß diese Mahnung in Röm. 12 damit begründet wird, daß die Rache Gottes sei. Es ist immer an sich unsittlich, wenn der Mensch etwas usurpiert, was dem Herrn der Welt, dem Gerechten, Allwissenden zukommt, und führt zur Korruption von an sich berechtigten Gefühlen. So kann das Gerechtigkeits= gefühl im sündigen Menschen zur Rachsucht ausarten, ohne daß es an sich grundlos wäre. Es hat seinen Grund im ewigen Urbild, in Gott, und giebt sich im Verlangen der Sühnung und im obrigkeitlichen Akt der Bestrafung von Verbrechen auf unzweideutige Weise Ausdruck, so daß wir auch von dieser Be= trachtung aus Strafgerechtigkeit, Verantwortlichkeit und sittliche Freiheit anerkennen müssen. —

Mit nichten verdient sittliche Entscheidung des Willens den Namen Willkür, der nur da am Platze ist, wo die Entscheidung nicht im Einklang mit dem Gesetz und Willen des Herrn der Welt geschieht, und eben die Möglichkeit solcher Willkür, daß der Mensch dem Gesetze des Weltalls mit Nichtwollen, mit Un= willen entgegentreten, natur= und gottwidrig sich entscheiden kann, während sonst alle Geschöpfe, die Gestirne droben wie Pflanzen, Tiere und Kräfte den von der Natur gebahnten Gang gehen müssen, beweist am klarsten, daß es einen Willen giebt, einen freien Willen, der mehr ist als das notwendige Produkt natür= licher Faktoren. Gerade das Naturwidrige, der Ungehorsam, die rätselhafte Heteronomie im Leben des Menschen, gegen welche das „du sollst nicht" des Gottesgesetzes gerichtet ist, beweist die sittliche Freiheit des Menschen. Daß diese Freiheit, nachdem sie sich einmal schlecht entschieden hat, sich damit die Entscheidung fürs Gute erschwert und sich geschwächt hat bis zu einer kon= stanten Disponiertheit zu pflichtwidrigen Handlungen und Ge=

finnungen, das ift allerdings eine Thatfache, die durch die Er=
fahrung und die heilige Schrift wohl bezeugt ift. „Was vom
Fleifch geboren ift, das ift Fleifch." Diefe Thatfache zeigt, wie
ein Moment der Wahrheit in den gegnerifchen Auffstellungen
und wie die chriftliche Lehre die Löfung ift zwifchen den extremen
und einfeitigen Übertreibungen der Philofophen, hier Kant's und
dort Schopenhauer's. — Wir gedenken da zugleich des Aus=
fpruches des Apoftels der Heiden: „Was dem Gefetz unmöglich
war, fintemal es durch das Fleifch gefchwächt war, das that Gott
und fandte feinen Sohn in der Ähnlichkeit des Fleifches der
Sünde und verdammte (richtete, tötete) die Sünde im Fleifch,
auf daß die Gerechtigkeit, vom Gefetz erfordert, in uns erfüllt
würde, die wir nicht nach dem Fleifche wandeln, fondern nach
dem Geifte" (Röm. 8). Das 8. Kapitel des Römerbriefes läßt
uns einen Blick thun in das wundervolle Geheimnis der Reftitution
menfchlicher Freiheit.

So wenig die Entfcheidung des Willens von fich felbft aus
den Namen der Willkür verdient, ebenfowenig den Vorwurf
eines urfachlofen Gefchehens. Es ift nicht richtig und logifch,
daß jede Veränderung wieder eine Veränderung zur Urfache
haben müffe. Wohl eine Urfache; — aber warum foll diefe
Urfache gerade eine Veränderung fein? Das können nur folche
vermuten, die nichts als Werden kennen und Veränderung, nach
dem Heraklitifchen πάντα ῥεῖ — kein ewiges, ruhig im Wechfel
beharrendes Sein, von dem die menfchliche, mit freiem Willen
ausgerüftete Perfönlichkeit ein Abbild ift. Diefer Wille ift eine
reale Macht jenfeits alles Naturgefchehens und kann doch ur=
fächlich in diefes Naturgefchehen eingreifen, — fo daß der
Kaufalzufammenhang da wohl gewahrt, wenn auch anders ver=
mittelt ift.

Die moderne Ethik ift im Begriff, zur Phyfik herabzufinken,
zu einer Naturgefchichte des Menfchen. — Die Unterfchiede von
gut und bös werden aufgehoben und die Worte ihres eigent=

lichen Sinnes und Inhalts entleert. Die ganze Moral wird
aufs Gefühl gestellt; gut ist, was Ursache angenehmer Bewußt=
seinszustände und also Gegenstand des Begehrens ist; schlecht,
was unangenehm berührt und Gegenstand des Widerstrebens ist.
Nur durch Lust und Leid wird der Wille bewegt, und nur durch
die Beziehung der Dinge auf fühlende Wesen, auf befriedigtes
oder unlustartiges Bewußtsein wird etwas gut oder schlecht.
Das glücklich befriedigte Bewußtsein ist Selbstzweck. Selbst=
genügsamkeit des Glücks ist ein letzter abschließender Grenzbegriff
der Moral. So lehrt Gizycki und mit ihm die ganze Schule
der natürlichen unabhängigen Moral. Diesem Naturprozeß
zwingender angenehmer Gefühle muß sich alles fügen, selbst Auf=
opferungen wie der freiwillige Heldentod Arnold von Winkelried's.
„Winkelried, sagt Gizycki, hatte starke Gefühle für Pflicht und
Rettung des Vaterlandes, und im Augenblick seiner That war
die Vorstellung des eigenen Todes für ihn weniger schmerzlich.“
Nicht nur der Gottesglaube und die Unsterblichkeit der
Seele werden von der neuesten Moralschule verworfen, an sich
und als Grundlage der Moral, sondern sogar der Grundsatz des
„naturgemäßen Lebens“ der aus der Schule des Sokrates
stammt. Nach diesem Grundsatze hätte, wie jedes einzelne
Organ des Leibes, so insbesondere die menschliche Seele eine
eigentümliche Aufgabe, und ihre Tüchtigkeit bestände darin, die=
selbe richtig zu erfassen und gut zu vollbringen. Diesen Ge=
danken hat besonders Aristoteles ausgeführt. Fast alle griechi=
schen Sittenlehrer waren einig in der Forderung des „natur=
gemäßen Lebens,“ eines Lebens gemäß dem „Naturzweck“, und
einen solchen Naturzweck, überhaupt Zweckmäßigkeit, vorauszu=
setzen war ihrer teleologischen Weltansicht selbstverständlich.
Nicht so den neusten Moralphilosophen. Mit Recht fürchten
sie, durch Annahme eines Naturzwecks zu metaphysischen An=
nahmen, ja zum Gottesbegriff, durch die Teleologie zur Theo=
logie geführt zu werden — und Gottes einmal los, wollen sie

auch los bleiben. — Es ist interessant zu sehen, welcher Trug=
schlüsse sich Gizycki bedient, um den Naturzweck, den Zweckbegriff
aus seiner Naturansicht gänzlich zu entfernen.

„Was ist überhaupt ein Zweck? — fragt er (Moral=
philosophie 496 ff.). Wir verstehen darunter eine im voraus
vorgestellte und gewollte Wirkung, welche wir nicht unmittelbar,
sondern durch eine Reihe von Ursachen (Mitteln) herbeiführen
können. Weil nur durch diese Mittel oder Ursachen der Zweck
erreichbar ist, so werden auch diese Mittel gewollt, wie der
Zweck. Zweckmäßig nennen wir nun das, was zur Verwirk=
lichung eines angenommenen Zweckes dient, während das hierzu
nicht Geeignete unzweckmäßig heißt." —

Bis hierher ist nichts einzuwenden. Aber schon anfechtbar
ist die Art und Weise, wie Gizycki den Gedanken abweist, bei
Zweckvorgängen bestimme das Zukünftige das Gegenwärtige;
dieser Gedanke sei widersinnig, da etwas Zukünftiges, weil noch
nicht wirklich, noch nicht wirken könne. Die Meinung bei den
Verfechtern des Zweckbegriffs ist aber nur die, daß das durch eine
Reihe von Mittelursachen erstrebte und erreichte Ziel schon vor
seiner Realisierung a l s V o r s t e l l u n g i m h a n d e l n d e n
S u b j e k t e existiert habe. — So ist's beim Architekten, beim
Maschinisten, bei jedem, der zweckmäßig handelt; er handelt
planmäßig, und der Plan ist nicht anders als das zuvor vor=
gestellte Ziel. Wie würden ohne solche vorangegangene Vor=
stellung, der dann die Aktion des Willens dient, die verschie=
denen Akte zu einem Ganzen sich einen und die verschiedenen
Vorgänge gerade den und den Erfolg haben? Absicht, Vorstellung,
Wille eines Subjektes wird beim Zweckbegriff vorausgesetzt,
was auch Gizycki zugiebt, indem er sagt: „Die Zweckvorgänge
sind also solche ursächliche Vorgänge, bei welchen Thätigkeiten
des Verstandes und Willens mitwirken; e i n e W i r k u n g k a n n
n u r d a n n a l s Z w e c k bezeichnet werden, wenn man annimmt,
daß ein Wollen sich auf sie richtet." — Nun aber kommt die

Täuschung: „Wenn wir von dieser geistigen Seite absehen (vom beabsichtigten Wollen des Zwecks und seiner Mittelursachen), so bleibt nur die einfache Ursachenverkettung übrig, bei der man von Ursachen und Wirkungen und einem Zusammenwirken verschiedener Ursachen bei der Hervorbringung einer bestimmten Wirkung, nicht aber von Mitteln und Zwecken reden kann." — Gizycki wähnt nun, bei der allgemeinen Natur von jener geistigen Seite in der That absehen zu können; denn die Natur sei kein vorstellendes und wollendes Wesen wie z. B. das menschliche Ich und könne daher keine „Zwecke" haben. Was als solcher erscheine, sei einfach Folge von unbewußten Ursachen. Zwecke haben, Vorstellen und Wollen setzen ein hoch entwickeltes Nervensystem voraus; ein solches aber, ein Centralnervensystem besitze die Natur nicht; somit existiere hinter den Willenserscheinungen der einzelnen lebendigen Wesen kein allgemeiner Naturwille und ebensowenig ein allgemeiner Naturzweck. „Der Gedanke aber, daß das Weltall — ein Ganzes beharrlicher Existenzen und einer unendlichen Mannigfaltigkeit entstehender und wieder vergehender, einander in einer bestimmten Ordnung ablösender Vorgänge, welche auf der Grundlage des Beharrlichen erscheinen — nicht etwas auf sich Beruhendes, sondern von einem andern Gemachtes sei, ist gleichfalls eine Annahme, die aus vorwissenschaftlichen Zeiten stammt. Nach einer Ursache der ganzen Welt zu fragen, bestimmen uns die Gesetze des Denkens keineswegs, da der Begriff der Ursache (das sogenannte Kausalitätsgesetz) nur auf Veränderungen, nicht aber auf beharrliche Existenzen und deren Eigenschaften Anwendung findet. Die Frage nach der Ursache des Wasserstoffs und nach der Ursache, warum derselbe gerade diese und keine andere Eigenschaften hat, ist ohne Sinn. Wir stehen hier eben einfachen und letzten Thatsachen gegenüber, und solche müssen wir annehmen, wenn wir nicht in einen Rückgang ins Unendliche geraten wollen. Wenn es einen Sinn hätte, nach der

4*

Urſache der Welt oder eines ihrer Elemente zu fragen, ſo müßten wir mit demſelben Rechte wieder nach der Urſache dieſer Urſache fragen, und ſo fort ins Unendliche. Es geht nicht an, bei irgend einem Punkte hier Halt zu machen, wenn wir nicht bei der Welt und deren Elementen ſelber, als einer ſelbſtgenüg= ſamen Exiſtenz, ſtehen bleiben." — (Gizycki, Moralphiloſophie 499 f.)

Hier ſtehen wir an der Wurzel des Irrtums. — Gizycki hat richtig erkannt und zugegeben, bei zweckmäßigen Vorgängen und Einrichtungen müſſe eine vorläufige Exiſtenz des Zieles in der Vorſtellung eines Subjektes angenommen werden, und doch abſtrahiert er von einem ſolchen vorſtellenden und wollenden Subjekte bei den zielſtrebenden Vorgängen der Natur; es ſoll alles nur auf zielloſen Motiven beruhen! — Er meint, weil bei der allgemeinen Natur kein Centralnervenſyſtem angenommen werden könne, darum ſei er berechtigt, diesmal, d. h. bei der zweckmäßigen Einrichtung des Weltganzen von jener geiſtigen Seite (zum voraus vorgeſtellte und gewollte Wirkungen) abſehen zu dürfen. Aber fehlen nicht auch einer gut und zweckmäßig eingerichteten Maſchine, einer Uhr, einem Epos alle Bedingungen eigenen Vorſtellens, Denkens, Wollens, überhaupt des Bewußt= ſeins — und muß nicht auch Gizycki bei einer ſolchen Maſchine ein zweckſetzendes Subjekt annehmen? Iſt es nicht in ihr, ſo iſt es außer ihr; vorhanden muß es ſein. So hilft denn all den modernen Atheiſten das Verweiſen auf das Unbewußte der Natur und ihrer zweckmäßigen Vorgänge nichts; ein zweckſetzendes Bewußtſein muß angenommen werden, und eben weil die „all= gemeine Natur kein Centralnervenſyſtem" beſitzt, ſo genügt es nicht, von einem unbewußten Geiſt der Natur, von einer Kraft des Univerſums zu reden, die alles zum Ganzen ordne und einige; — wir ſind genötigt, zum Gedanken Gottes, des höchſten Seins, der abſoluten Perſönlichkeit uns zu erheben, in der allein die zielſtrebenden zweckmäßigen Naturvorgänge ſowie die Einheit der Welt ihre Erklärung finden. Nichts ist sinnloser als zu sagen, die Frage nach der Ursache des Wasserstoffes und seiner Eigenschaften, überhaupt die Frage nach der Ursache des Bestehenden und seiner Qualitäten sei ohne Sinn; der Begriff der Ursache beziehe sich nur auf Veränderungen, nicht aber auf beharrliche Existenzen, bei welchen man einfachen und letzten Thatsachen gegenüberstehe. Nicht nur ist in der menschlichen Wissenschaft der Begriff „beharrlicher Existenzen" ein unsicherer, da früher manches eine letzte und einfache Thatsache zu sein schien, was es jetzt bei vorgeschrittener Wissenschaft nicht mehr ist; wer giebt Gizycki das Recht, da stille zu stehen, wo er nach seinem Axiom nicht weiter kann? Falsch ist auch die Behauptung, das Kausalitätsgesetz beziehe sich nur auf Veränderungen, nicht auf Existenzen. Wohl findet das Fragen nach dem Warum vieler Existenzen meist keine befriedigende Antworten, aber das Fragen ist doch da und ist natürlich und berechtigt. Aber auch abgesehen von beharrlichen Existenzen nötigt der Prozeß der Veränderungen nicht nur Ursachen der einzelnen Erscheinungen, sondern den Erstgrund, den Anstoß zur Bewegung zu suchen. — Wir stehen keineswegs einfachen letzten Thatsachen gegenüber, wie Gizycki meint, sondern einer großartigen, erstaunlichen Zweckmäßigkeit des Universums gegenüber, wo die verschiedensten Kräfte und Existenzen auf einander bezogen sind und dem unbefangenen Denker den Eindruck einer planmäßigen Welt machen; da ist schlechterdings das ursächlich wollende Bewußtsein zu suchen. Schnöde und denkfaul ist es, zu sagen: weil die Welt nicht selbst Trägerin eines solchen Bewußtseins sein kann, so giebt es überhaupt keines. Wenn Gizycki behauptet, letzte einfache Thatsachen müsse man ja doch annehmen, wenn man nicht in einen Rückgang ins Unendliche geraten wolle, — so gebe ich das zu. Es fragt sich nur, welcher Art diese letzten einfachen Thatsachen sind, — ob Atome mit ihren zufälligen Qualitäten oder der absolute Geist. Die Ursache kann doch nicht geringer sein als die Wirkung, wie es der Fall wäre, wenn aus den Elementen **unter günstigen Bedingungen** der Kosmos sich gebildet hätte. Um Gottes los zu werden, muß man immer etwas substituieren und voraussetzen, hier — günstige Bedingungen. Die Bedingungen sind in der That sehr günstig gewesen, daß es zu dieser wundervollen Lebensbewegung und zu dieser Fülle von Formen und schönen Gebilden, zu dieser erstaunlich zweck=mäßigen Organisation im großen und im einzelnen (man denke nur an die Zoologie) gekommen ist! —

Gizycki will lieber bei den einfachen Thatsachen der Ele=mente stille stehen, als einen Rückgang ins Unendliche machen, weil, wenn man auch hinter jenen eine Ursache fände, diese Ursache immer wieder erklärt und allemal eine Ursache der Ursache gesucht werden müßte. — Ja wohl, — wenn die letzt=gefundene Ursache keine genügende ist und keinen ausreichenden Erklärungsgrund enthält für die Zweckmäßigkeit in der Natur! Dieses ruhe= und endlose Rückschreiten ins Unendliche ist eine gerechte Strafe dafür, daß man sich nicht zur wahren Ursache, zum Ewigen, zum Herrn und Schöpfer der Welt im Denken erheben mag. — Aber eben ins Unendliche zurückgehen will Gizycki auch nicht, sondern bei den Urstoffen als letzten That=sachen stille stehen. Warum? weil er's müde ist und ohne Gott sich nicht zu helfen weiß! Ist das Logik: Zweckmäßigkeit in der Natur anzuerkennen, und dann, weil die Natur selbst nicht Zwecke setzen könne, wieder nicht anzunehmen und alles zweck=mäßige Geschehen auf Urstoffe und ihre zufälligen Qualifikationen und günstige Bedingungen zurückzuführen? Ist es nicht denkmüde, bei solchen letzten Ursachen stille zu stehen, die von allen denk=baren am wenigsten geeignet sind, die Wirkungen zu erklären? Heißt das nicht der Welt der Erscheinung ratlos gegenüberstehen und aufs Denken verzichten, gleich einem Kinde, das nicht nur fragt: wer hat alles gemacht? — sondern weiter: wer hat Gott gemacht? — nur mit dem Unterschiede, daß Gizycki, weil bei

dem unerforschlichen, unzugänglichen Gott das vorwitzige
Fragen ein Ende hat, und Gott der Reihe endlicher Ursachen nicht gleichgestellt werden kann, nun auch nicht mehr
fragen will: wer hat die Welt gemacht? — Weil das menschliche Denken in Gott nicht eindringen kann, so will man von
Gott nichts wissen, obschon doch jedes folgerichtige Denken zu
ihm, zum Postulat seiner Existenz mit Notwendigkeit führt. Die
Welt ist diesen Denkern „eine allgenugsame Existenz!" Das ist
eher ein Maulwurfsstandpunkt als eine wissenschaftliche Weltansicht zu nennen. — Mit einer unverwüstlichen Zähigkeit und
Ausdauer wird uns immer wieder gesagt, was wir Zweckmäßigkeit, vermittelst bestimmter Ursachen gewolltes und herbeigeführtes
Ziel nennen, z. B. der Umstand, daß Organe, Verrichtungen
und Gebilde der Natur der Erhaltung des Lebens des Einzelnen
oder der Art dienen, sei nichts weiter als eine Eigenschaft der
Elemente der Materie, die sich unter solchen und solchen Bedingungen zu solchen und solchen Verbindungen vereinigen. Bei
dieser Thatsache müsse man stille stehen; weiter zu gehen und
von einem Zwecke reden, als ob die lebenerhaltenden Eigenschaften der Dinge gewollt wären, sei schon mehr als die Erfahrung biete, sei eine Annahme. Als ob ein Moralphilosoph,
wie Gizycki sein will, bei der Erscheinungswelt stehen bleiben
und auf tieferes Ergründen der Ursachen, aufs Denken verzichten dürfte! Was er als letzte Ursachen angiebt, ist ja eben
zu erklären! Nehmen wir noch unphilosophischerweise an, die
immanenten Eigenschaften der Dinge seien eo ipso lebener-
haltend und die Erhaltung des Lebens sei nichts weiter als
unbeabsichtigte Folge der Stoffeigenschaften, so ist damit der
Kosmos in seiner großartigen Wechselwirkung, in dem zweckmäßigen Bezogensein der Wesen auf einander noch nicht erklärt.
Schon das wäre rätselhaft, daß die so und so gewordenen Dinge
wie z. B. die Pflanzen so qualifiziert sind, daß sie höheren
Wesen dienen, von diesen assimiliert werden können. Vollends

unverständlich aber wäre das Dasein solcher höherer Wesen, die
sich der niederen bedienen und sie zur Voraussetzung haben.
Daß es Worte giebt, das ist nun einmal die Eigenschaft der
Laute, die sich so und so verbinden, — und daß es eine Home=
rische Ilias giebt, das ist nun einmal eine Thatsache, eine nicht
weiter zu erklärende Eigenschaft der Worte, die sich von selbst
so und so verbunden haben zu einem rhythmischen Ganzen, — so
müßte man konsequent auf diesem empirischen Standpunkt sagen.
— Eine schöpferische Phantasie, ein organisierender Wille ist ja
in dem Buche selbst nicht zu finden, noch anzunehmen, da es
ihm an einem Centralnervensystem fehlt, wie Gizycki in der
Natur keine Möglichkeit eines Willens sieht. „Vorstellen, Denken,
Wollen, überhaupt Bewußtseinszustände anzunehmen, welche
nicht an ein Centralnervensystem gebunden sind, ist eine wissen=
schaftlich nicht gerechtfertigte Hypothese" — sagt unser Philo=
soph (Moralphilosophie, S. 499). Ihm ist klar: weil nur die
Menschen sich Zwecke setzen können und Leben und Wohlsein
wollend erstreben, die Tiere und die andern organischen Wesen
das Leben und seine Erhaltung sicherlich niemals sich vorstellen
und zum Zweck setzen, so ist „Zweckmäßigkeit der Natur" nur
ein bildlicher Ausdruck, vom Menschen auf die außermenschliche
Welt übertragen, den man eigentlich vermeiden sollte, um nicht
versucht zu sein, fatale Folgerungen zu ziehen. — Daß man
doch dieser Versuchung, eine Gottheit zu hypothesieren, nicht
entrinnen kann, nachdem es diesem Geschlechte so wohl gelungen
ist, selbst Gottheit zu spielen!

Aus dem Bisherigen ist zu schließen, wie wenig es damit
auf sich hat, wenn Gizycki behauptet, es habe keinen Sinn,
nach dem Weltziele oder Weltplane zu fragen, um danach die
dem Menschen zukommende sittliche Aufgabe zu richten; Natur=
zwecke gebe es nicht, und die teleologische Weltansicht sei un=
begründet.

„Nehmen wir aber einmal an, es gebe einen Weltplan

und wir hätten ihn entdeckt, was hülfe es! — wird weiter gesagt. Entweder vollzöge er sich als ein unabwendbares Verhängnis mit unwiderstehlicher Notwendigkeit; — wozu dann noch erstreben, was sich von selber macht? — Oder, es kann dem Weltzweck zuwider gehandelt werden; — warum sollten wir bei einer Inkongruenz zwischen dem Naturzweck und unsern Wünschen und Hoffnungen und moralischen Bestrebungen nicht lieber den letzteren folgen? — Je moralischer wir sind, desto mehr würden wir der Realisierung des Weltzwecks entgegenzuwirken suchen, eben weil derselbe mit unseren moralischen Gefühlen nicht stimmt." — Auf was für ungereimte Folgerungen man verfällt, wenn das Princip falsch ist! Wird das moralische Gefühl des Einzelnen auf sich selbst gestellt, statt auf die Übereinstimmung mit dem absolut Guten, so ist allerdings der Fall zu setzen, daß Moral und Weltplan miteinander im Widerstreit stehen und bei faktischer Inkongruenz zwischen persönlichem Meinen und Belieben einerseits und der objektiven Weltleitung verhält sich ersteres renitent und autonom und verwirft die Welt als schlechteste von allen denkbaren oder sieht das Sittliche wenigstens in der Indifferenz oder in der vornehmen Verachtung des Natürlichen. Wo bleibt da die Einheit der Dinge und des Denkens? Man hat keine Ahnung davon, daß die vorhandenen Dissonanzen zwischen den Gefühlen und Strebungen des Individuums und dem Gang der Welt wohl ihre Lösung finden können und daß sie ihre einzige Lösung eben darin finden, daß erstens die letzte Entscheidung über das, was zu erstreben und was zu meiden ist, nimmermehr in unserer eigenen subjektiven verdrehten Natur zu suchen ist, und zweitens darin, daß über dem jetzigen Weltlauf ein Höheres, eine ewige Norm, es giebt, normierend für die subjektive und objektive „Welt". —

Darum sind beide Extreme Verirrungen, sowohl das Extrem, daß man in epikuräischer Weise das „Natürliche" zum Leitstern des menschlichen Handelns macht, als auch das andere, daß man das Natürliche als Schranke des Sittlichen ansieht, vor Natur und Welt die Flucht ergreift und im Innern allein Gesetz und Regel für sich finden will. — So schwankt der Mensch hin und her, dem die Erkenntnis des menschlichen Falles noch nicht aufgegangen ist, und ebenso wenig die der normativen Welt in dem gottmenschlichen Leben und Reich Jesu Christi. Ohne diese Erkenntnis bleibt die Moral sowohl in der Praxis als in der Theorie ewig in Rätseln und Widersprüchen stecken.

Es fällt alles in Gegensätze auseinander, wo die oberste Instanz fehlt, Gott, der sowohl Herr der Natur, als Richter und Gesetzgeber des Gewissens ist, und in welchem wir die Harmonie beider, der Ethik und der Physik, verbürgt haben, so daß die Alternative und Wahl für uns nicht besteht: Entweder der Natur folgen oder ohne Rücksicht auf diese Leben und Glück suchen! Dem höchsten, in Christo gegebenen Ethos folgen, weil es wahr, weil es gut, weil es von Gott ist und dem Kern unseres sittlichen Wesens entgegen kommt, das ist die richtige Spur, auf der wir schließlich Harmonie mit der Natur und Leben und Seligkeit finden, so gewiß Gott nicht lügt. Aber die „Natur" kann so wenig als „Leben und Glück" Grundlage der Moral sein.

Es ist interessant, das eigentümliche Verhältnis unserer moralischen Glücksritter zur Natur ins Auge zu fassen und einer nähern Prüfung zu unterwerfen.

Die Natur habe nicht den Charakter eines moralischen Wesens, wird uns gesagt, denn sie habe keinen Willen und sei gegen die Handlungen und den Charakter der Menschen durchaus gleichgültig. Physisches Geschehen stehe daher zur Moral in keinerlei Beziehung; weder könne von Strafe und Gerechtigkeit gesprochen werden, die von der allgemeinen Natur und durch sie ausgeübt würden; noch gezieme es sich, daß der „Mensch sich empöre und seine Klage an des Himmels Wölbung schlage", — so wenig als des Kindes Zorn gegen den Stein, an dem es sich gestoßen. Eher als sittliche Bestimmtheit oder Abzweckung auf die sittliche und geistige Welt könnte man der Natur totale Rücksichtslosigkeit, ja Unsittlichkeit vorwerfen, wenn dies einem fühllosen und willenlosen Wesen gegenüber erlaubt wäre, sagt John Stuart Mill. „Die Eigenschaft der kosmischen Kräfte, welche, nächst ihrer Größe, am stärksten f r a p p i e r e n muß, ist ihre absolute Rücksichtslosigkeit. Um es mit nackten Worten zu sagen: Fast alles, was den Menschen, wenn sie es thun, den Tod durch den Strang oder das Gefängnis zuzieht, thut die Natur alle Tage. Die Natur pfählt Menschen, zermalmt sie, wirft sie wilden Tieren zur Beute vor, verbrennt sie, steinigt sie wie die ersten christlichen Märtyrer, giebt sie dem Hunger= tode preis, läßt sie erfrieren, tötet sie durch das rasche oder langsame Gift ihrer Ausdünstungen und hat noch hundert andere scheußliche Todesarten in Reserve, wie sie die erfinderische Grau= samkeit eines Domitian nicht ärger zu ersinnen vermocht hat. Alles das thut die Natur mit der hochmütigsten Mißachtung alles Erbarmens und aller Gerechtigkeit, indem sie ihre Pfeile unterschiedslos auf die Edelsten und Besten wie auf die Schlech= testen und Gemeinsten, ja auf jene oft infolge ihrer edelsten Handlungen und wie es scheinen könnte, als Strafe für diese, entsendet." (Vgl. Mill, Über Religion. S. 24 u. f. der deutschen Ausgabe.) Ebenso verweist Darwin auf das namenlose Leiden allerorten und auf die ruchlosen Verbrechen, die infolge der Wirksamkeit der Naturgesetze geschehen, wobei eine sittliche Besse= rung des Menschen als Zweck anzunehmen, schon deshalb nicht angehe, weil die Anzahl der Menschen in der Welt wie nichts sei im Vergleich mit der aller andern fühlenden und leidenden Wesen. „Thatsache ist es, sagt Salter in seiner „Religion der Moral" (S. 178), daß der himmlische Vater, von dem Jesus sprach, um einer Minderzahl Nahrung und Schutz zu gewähren, darüber eine Mehrzahl umkommen läßt im Kampf um das Dasein." — „Das Selektionsprincip oder das Gesetz der natür=

lichen Auslese, sagt Gizycki, ist nun einmal kein Sittengesetz, sondern ein Naturgesetz, dem wir wie dem Gesetze der Gravitation oder dem von der Erhaltung der Kraft ganz ohne Rücksicht auf unser Wollen unterworfen sind; es ist eine Naturmacht, durch welche entsetzlich viel physisches und moralisches Elend erzeugt ist."

Was will überhaupt jenes Gesetz der „natürlichen Auslese" besagen? — Daß dasjenige Wesen, welches die vorteilhafteste Beschaffenheit besitzt und seiner „Umgebung", den Bedingungen seiner Existenz am besten angepaßt ist, die meiste Aussicht hat, sich zu erhalten und sich zu vermehren. Auch von den Menschen überleben die „Passendsten, Geeignetsten, Tauglichsten", und unter den Lebensbedingungen des Menschen haben wir die physischen und die socialen zu unterscheiden. „Christus, Sokrates, Bruno waren in ihrer Umgebung nicht die „Geeignetsten"; ihr Untergang war gerade die Folge ihres Charakters. Es kommt ganz auf die besondere Beschaffenheit einer Gesellschaft an, wenn bestimmt werden soll, wer der in ihr Überlebende sein wird." —

Wir geben zu, daß man Ursache hat, von Härte und Rücksichtslosigkeit der Natur zu reden und müssen mit Pascal erstaunen über die Dreistigkeit, womit manche, wenn sie sich an die Atheisten wenden, ohne weiteres Gottes Dasein aus den Werken der Natur beweisen wollen. Die Natur verbirgt Gott ebenso sehr, wie sie ihn offenbart, und die Offenbarungsgläubigen wissen, daß in ihr wie sie jetzt ist, auch Gottes zürnendes Angesicht uns zugekehrt oder vielmehr sein Vaterangesicht uns abgekehrt ist. „Dieses unendlichen Raumes ewiges Schweigen ist mir ein Schrecken" — sagt bedeutungsvoll Pascal, und weiter: „Das Christentum ist die Religion, die allein von allen mit der Natur, mit dem gewöhnlichen Menschenverstande und mit unseren Begierden im Streite ist." Aus diesem Gesichtspunkte begreifen wir es, wenn oberflächlichen Gottesbeweisen gegenüber Perthes an Steffens schreibt: Schreiben Sie ein Buch, das davon ausgeht, wie die Natur gottlos ist. Und wie die Natur niemals Basis der wahren Theologie, so kann die Forderung des „naturgemäßen Lebens" niemals Grundlage der Moral werden; denn es ist eine Erkenntnis, der sich kein moralischer Mensch, auch Gizycki, Mill nicht, verschließen kann, daß die Gesellschaft nicht bestehen könnte, wenn jeder seinen angeborenen blinden Trieben folgen würde, und daß die „Tugenden" etwas durch Arbeit und Zucht Erworbenes, ein der Natur abgezwungener Sieg sind.

„Eine Kunst ist es, ein guter Mensch zu werden." „Die Pflicht des Menschen ist dieselbe in Bezug auf seine eigene Natur wie in Bezug auf die aller übrigen Dinge, nicht ihr zu folgen, sondern sie zu korrigieren" (J. St. Mill). —

Wie kommen nun bei dieser Indifferenz des allgemeinen Lebens in Bezug auf Moral, ich möchte sagen, bei dieser Immoralität des Weltganzen, unsre Moralisten doch dazu, der Natur ein gewisses Vertrauen, ja Dankbarkeit entgegen zu bringen, sittliche Aufmunterung in dem wiederholt ausgesprochenen Gedanken zu finden, daß in der Natur nur das Sittliche dauernden Bestand habe und das Unsittliche dem Untergange geweiht sei? Wenn sie das thun, so gereicht das ihrem sittlichen Instinkte und dem Reste ihres Gottesbewußtseins, dessen sie irrigerweise ganz bar zu sein meinen, zu größerer Ehre als ihrer Logik.

Daß nur das Sittliche dauernden Bestand habe, ist von den Prämissen unserer Gegner aus ein ganz unerweisbarer Satz. Bestand haben, überleben — das ist Sache des Naturgesetzes, des Kampfes ums Dasein, wo der Stärkere Meister ist, nicht Sache einer moralischen Weltordnung, die es nach Gizycki gar nicht giebt, es wäre denn, daß man darunter nur die Regeln des subjektiven Handelns verstünde, denen aber weder ein Gesetz noch irgend eine objektive Sanktion entspräche. „Die höchsten und edelsten moralischen Eigenschaften sind kein Geleit=

ſchein für den Erfolg und die Kreuzigung Chriſti, die Ver=
giftung des Sokrates war nichts weiter als Folge des Geſetzes
der natürlichen Auslese.“ (Gizycki, Moral, 515 u. f.)

Wie hilft ſich da unſer Philoſoph? Er meint, wenn auch
nach jenem Geſetze der Gute oft untergehe und der Schlechte
überlebe und Erfolge habe, weil paſſende Verbindung und eine
gewiſſe Geſellſchaftsverfaſſung dem letzteren den Erfolg ver=
bürgen, ſo beſtehe dieſe dem Schlechten paſſende
Umgebung doch nicht immer; ohne ſolche paſſende Um=
gebung und Konſtellation aber habe das Böſe infolge von Zu=
ſammenſtößen mit den Geboten der Geſundheit oder den Geſetzen
des Staates oder den Anforderungen der Geſellſchaft wenig
Chancen. — Das Geſetz der natürlichen Auslese reguliere eben
nicht nur das Leben der Einzelnen; es richte auch über das
Schickſal der Geſchlechter und Zeiten. Daher rechtfertige der
Kampf ums Daſein keineswegs eine rückſichtsloſe Verfolgung
der eigenen Intereſſen, eine Unterdrückung und Ausbeutung der
Schwachen durch die Starken, eine Vernichtung des Leidens
durch Vernichtung der Leidenden, eine Entwurzelung des Ge=
wiſſens und der Naturſtimme des Mitleids, die gegen ein
ſolches Thun Einſprache erheben, — weil ein Ge=
meinweſen dem Untergange nahe wäre, wenn ein
Kampf aller gegen alle ſtatuiert, in einer Geſellſchaft nur die
Selbſtſucht gezüchtet und phyſiſche Stärke und raffinierte Klug=
heit das höchſte Ideal würden. (Gizycki, Moral, 517.)

Also die dem Schlechten paſſende und aufhebende „Um=
gebung“ beſteht nicht immer. Beweiſt das mehr, als daß es
auch untergehen kann? Beweiſt es, daß es untergehen muß?
— Das Leben und Glück ſo gefährdende Geſetz der „natürlichen
Auslese“ reguliere nicht bloß das Leben der Einzelnen, es richte
auch über das Schickſal der Geſchlechter und Zeiten, ſagt man,
ſo daß ſpäter im ganzen Weltlauf die Gerechtigkeit wieder ein=
bringen könne, was ſie in den einzelnen Zeitläufen verfehlt. —

Aber woher nimmt man auf dem Standpunkt bloßer Natur das Recht, von Gerechtigkeit zu reden? Und wenn die einzelnen Termine dem Guten ungünstig, dem Schlechten oft hold sind, daß letzteres das überlebende ist, — warum soll es im Ganzen anders sein? — Giebt doch Gizycki zu, daß das Schlechte nur untergeht, wenn das Gute vorhanden ist und energisch genug vorhanden ist, und daß es wohl denkbar sei, daß die ganze Menschheit aussterbe, wenn sie degeneriert und die günstige Umgebung fehlt, wie thatsächlich unzählige Arten ausgestorben seien! Woher denn auch der Glaube an den Sieg und Bestand des Guten im Reiche der Natur, die keine Rücksicht kennt? Woher die Gefühle des Vertrauens, der Dankbarkeit, der Begeisterung der Natur gegenüber, wenn weder in ihr, noch über ihr ein sittliches geistiges Wesen waltet, welchem im Grunde allein solche sittliche Gefühle gelten können? Diese Gefühle existieren thatsächlich dem Universum gegenüber auch in solchen, welche den Glauben an Gott und an die sittliche Abzweckung des Naturlaufs aufgegeben haben; mitten in allen Verneinungen können sie nicht umhin von Gerechtigkeit, von Vertrauen und Dankbarkeit gegen die Natur und ihre Wohlthaten zu reden. Alles das ist, wie Spinoza's „intellektuelle Liebe zu Gott" eine Nachwirkung des Gottesglaubens, ein unbewußtes Gefühl, daß durch die Natur doch eine Gerechtigkeit und Güte, eine persönliche Weisheit und Macht, ein Geist zu uns rede und mit uns handle. „Mit dem durch menschliche Kraft Unüberwindbaren, wie der Tod z. B. haben wir Frieden geschlossen und ein universeller Affekt, ein ruhiges stetiges Gefühl giebt unserem Gemütsleben einen harmonischen Abschluß. Wer wollte und könnte der Natur zürnen, die so wenig den Charakter eines moralischen Wesens als den eines unmoralischen Wesens hat; denn alle ihre rücksichtslose Grausamkeit ist nichts Gewolltes, keine Willensbeschaffenheit." (Moral von Gizycki, 513 f. 529.) — Mir scheint, dieser Friede sei ein verfrühter. Durch die Wohlthaten der Natur will man sich zum universellen Affekt bringen lassen, von ihren „Grausamkeiten" aber keine Notiz nehmen, da sie nichts Gewolltes sind. Sollten diese Philosophen nicht noch mehr in die Schattenseiten, in die Unnatur mitten in der Natur sich denkend versenken, um durch tiefere Erfassung des Übels, sagen wir geradezu, um durch die Erkenntnis der Sünde aus ihrem Labyrinth herauszukommen? Am einfachsten hätte sich der Beweis des Satzes: „das Sittliche nur hat dauernden Bestand" so gestaltet, wenn Gizycki von seinem Axiom ausgegangen wäre: „Nur das, was auf Bestand, Leben und Glück abzielt, ist sittlich." Liegt das Wesen des Sittlichen in der Erhaltung des Lebens, so wird es auch Lebenserhaltung zur Folge haben. Etwas wird immer übrig bleiben, und was überlebt, ist sittlich; folglich hat das Sittliche Leben und Bestand.

Immer und immer wieder drängt sich dieser modernen gottlosen Moralphilosophie eine höhere wahre Natur auf, die im Bunde mit Sittlichkeit und Geistigkeit die wahre Theodicee bringt; aber immer wieder wird diese höhere Realität niedergekämpft und so das ganze System voll Widersprüche. Da hat ein Heide wie Cicero weiter und richtiger gesehen, wenn er (de legibus I, 6) dem Versinken ins gemeine Naturleben gegenüber die Tugend die wahre, vollkommene und höchst entwickelte Natur nannte, und es verschlägt nichts, wenn Gizycki spottet, damit werde man lediglich mit Worten abgefunden und erfahre nichts weiter als daß man handeln solle wie man eben handeln solle. Wo denn die wahre, ideale, vollkommene Natur sei? „Die Natur, wie sie sein soll, und was dies ist, wollten wir eben gern wissen." — Man könnte es wissen, wenn man wollte und dem Verlangen nach Wahrheit kein Hindernis entgegensetzte. In Christus, dem Heiligen und Verklärten, giebt sich uns die wahre Natur, sowie die Befreiung von einem Kosmos, der kein moralischer ist und „im argen liegt." Seine Kreuzigung zeigt uns wohl die Richtigkeit des Kampfes um's Dasein und

der natürlichen Auslese in dieser Welt; seine Auferstehung aus
den Toten aber zeigt uns, daß die Welt doch Gottes ist, daß
Natur und Weltlauf sittlich bestimmt sind und daß die Gefühle
des Vertrauens, der Ehrfurcht, der Dankbarkeit und der An=
betung, deren sich diese moralischen Männer einer unbewußten
Natur gegenüber nur mit Mühe erwehren, ihren guten Grund
haben. Sie sind besser als ihr System, obschon es kein mora=
lisches Lob verdient, die Moral ihrer Wurzel und ihrer Krone
zu berauben und auf bloß natürliche Basis zu stellen, und dann
wieder alle erdenkliche Mühe aufzuwenden, um der alle Moral
erdrückenden Mutter Natur sich zu erwehren. Alle diese boden=
losen Künste haben den Schein scharfsinnigen Denkens, das durch
alle Knäuel sich hindurcharbeitet, und größeren moralischen
Ernstes. „Das menschliche Leben hat mehr Sinn und Bedeutung,
wenn wir allein es sind, von denen es abhängt, Gerechtigkeit
und Liebe in der Welt herrschen zu machen; eine gerechte Ord=
nung der Dinge müssen wir selbst schaffen, und das Analogon
der Gerechtigkeit, das in dem Walten der kosmischen Macht zu
erkennen ist, kann unserem Gerechtigkeitssinn nicht Genüge thun.“
(Gizycki, Moral, 518 ff.) — Ebenso, fügen wir hinzu, hat bei
den Prämissen dieser modernen atheistischen Moral die mensch=
liche Denkkraft die ausgedehnteste Gelegenheit, ihren Scharfsinn
und ihre Künste zu zeigen, weil nach jeder Lösung der Knoten
stets aufs neue sich schürzt. Uns aber imponiert diese Dialektik
nicht. Immer wieder flechten sich den Beweiskünsten nolens
volens bedenkliche Bekenntnisse des Nichtwissens ein, wie jenes
auf S. 520: „Die Frage, wie sich die Natur zu den Idealen
der Gerechtigkeit und Güte verhält, können wir nicht beant=
worten,“ und die Terra incognita des wirklichen moralischen
Wissens und Besitzes in dieser Moralphilosophie, die nie fertig
wird, selbstgeschaffene Rätsel zu lösen, ist eigentlich eine immense.
„Sie spinnen Luftgespinste, sie suchen viele Künste und kommen
weiter von dem Ziel.“

Wir müssen für einmal von unserem „Gewährsmann"
scheiden, wiewohl wir noch gern die Trugschlüsse beleuchtet
hätten, mittelst welcher diese ganze Richtung Gott und Unsterb=
lichkeit der Seele für die Moral abthut oder abgethan zu haben
meint. — Der Irrtum unserer Tage ist kräftig, in das Gewand
des wissenschaftlichen Scharffinns und der sanften Humanität
gekleidet, daß wir wohl Ursache haben zu flehen: „Herr, wende
von mir den falschen Weg und gönne mir dein Gesetz!"

IV.

Gloſſen zu Herrmanns „Verkehr mit Gott“.

1.

„Alles iſt euer“, ruft der Apoſtel denen zu, die Chriſti ſind. „Es ſei Paulus oder Apollos, es ſei Kephas oder die Welt.“ So iſt es denn ohne Zweifel auch Ritſchl, und auch Herrmann. Das Studium des letzteren iſt mir nahe gelegt worden durch den Verkehr mit geiſtlichen Vikaren meiner Gegend, welche mit Begeiſterung von ihrem Marburger Lehrer reden, ihm offenbar heilſame Anregung verdanken und für dieſe Richtung mehr oder weniger bewußt Propaganda machen. Wenn ich nun auch ſolcher Propaganda zu verfallen etwas zu alt bin und gegen den Wirrwarr der Richtungen in der Kirche eine tiefe Antipathie in mir trage, weil ich zu ſehr an der una sancta catholica hange mit ihrem einigen Haupte, ſo glaube ich doch, gerade im Intereſſe der Einheit der Kirche ſollten wir von ſolchen Erſcheinungen in derſelben, wie die Ritſchl'ſche Schule iſt, ernſthaft Notiz nehmen. Thun wir das nicht, ſo wird der Irrtum der Richtungen, die wir, ohne ſie direkt aus ihren eigenen Quellen zu kennen und zu würdigen' glauben ſchroff ablehnen zu ſollen, durch einſeitige Polemik zu ſehr zugeſpitzt und ins Extrem getrieben, während bei gerechter Würdigung nicht nur wir lernen und das vorhandene Gute uns aneignen können, ſondern auch der Gegner zum Einlenken ge= bracht wird. Erſt will er verſtanden ſein, ehe ſein Eifer nach= läßt und er für ein anderes Charisma offene Augen bekommt.

5*

Ich darf mir nun nicht anmaßen, ein ganz überblickendes und abschließendes Urteil auch nur über Herrmann, geschweige über Ritschl zu fällen; indessen mögen auch schon diese Glossen, welchen neben anderem besonders das Studium der Schrift: „Des Christen Verkehr mit Gott" (3. Aufl. Stuttgart 1896, Cotta) zu Grunde liegt, etwas zur Klärung hüben und drüben beitragen. Ich übergebe diese Glossen der Öffentlichkeit, weil ich den Eindruck habe, daß noch nicht zu viel in der Sache ge= schehen und daß für die Leser, neben der zu übenden Kritik, noch genug der aufbauenden Gedanken abfalle. Denn der Bausteine zum Bau der Kirche bietet auch Herrmanns Schrift nicht wenige. Die Wahrheit, woher immer sie komme und unter welchem Namen immer sie auch gehe, wollen wir uns niemals ver= schließen; nur die Wahrheit macht frei.

Mir erscheint die in genannter Schrift Herrmanns ver= tretene Theologie hauptsächlich durch ein doppeltes Verdienst höchst bedeutsam und von positivem Wert. Fürs erste wird die Person Jesu Christi in den Vordergrund aller Theo= logie gestellt; sodann wird versucht, das Wesen des Glau= bens, im Unterschied von allem Schein des Glaubens, tiefer und reiner zu begreifen. Beides aber, jenes Objektive und diese subjektive Erfahrung, werden mit großem Ernste nicht als Evolution des Menschlichen, sondern als göttliche Offen= barung und Gabe erfaßt, so daß es doch heiliger Boden ist, auf den da der Schüler dieser Richtung sich gestellt sieht.

Was nun die Person Christi betrifft, so betont es allerdings Herrmann so sehr und so ausschließlich, daß es der geschichtliche, durch Gemeinde und die neutestamentlichen Schriften auf uns wirkende Christus ist, der das neue Leben und den Verkehr des Christen mit Gott begründet, daß er selbst zu dem Verdacht Anlaß gegeben hat, er kenne keinen andern als den geschichtlichen Christus, d. h. kein anderes Leben und Wirken Christi als das, welches sich zwischen Geburt und Tod am Kreuze vollzogen hat.

Indessen nimmt er doch an und spricht es auch etwa einmal aus, daß das, was geschichtlich uns erhebe, in Gott eine über= geschichtliche Wirklichkeit habe, ansonsten ja der Begriff einer Offenbarung illusorisch wäre. Aber er will den Glauben nicht da anfangen, sondern nur an den Thatsachen des geschicht= lichen Lebens Jesu sich entzünden lassen, und nennt Wahrheiten wie Wiedergeburt, heiliger Geist, Herrschaft des erhöhten Chri= stus in uns — Glaubensgedanken, Überzeugungen, die aus dem Glauben resultieren, die aber nicht Gegenstände einer bestimmte Zeitmomente ausfüllenden Erfahrung und des Kultus werden können. Ist es auch das Anschauen und die Erfahrung einzig des „geschichtlichen Christus", was nach Herrmann den Glauben begründet, so steht er doch zum Bilde Christi entschieden anders als Schleiermacher, der beim Gedanken stehen bleibt, daß Christi Bild und Lehre als kräftiger Impuls zur Nachfolge in uns fortwirke, jedoch ohne daß Christus selbst etwas davon weiß oder hat.

Herrmann lehnt es ab, daß außer Christo Gott erkannt werden könne; durch bloße Mitteilung über Gott könne lediglich die friedlose Frömmigkeit begründet werden. „Die in der Idee des Ewigen ergriffene Gottheit läßt den Menschen zwar ihre Macht und Erhabenheit fühlen; aber indem sie alle Dinge, in denen das menschliche Leben lebt, vereitelt, wehrt sie uns von sich ab und überläßt uns dem Gefühle unserer Nichtigkeit. Der Mensch kann Gott nicht mehr lieben als der Dieb den Henker. Zur Offenbarung Gottes wird uns allein Jesus, den der in Anfechtung kämpfende Mensch als etwas Wirkliches, zu unserer Welt Gehöriges wahrnimmt. Sind wir im Unglück, so wird uns die ganze Welt zu einer Macht des Unheils; der Sünder meint, nichts zu spüren als eine vernunftlose Gewalt, die sein Glück zertritt. Die Thatsache aber, daß es so etwas giebt wie die Erscheinung Jesu, drängt dem Menschen den Gedanken auf, daß es einen Gott geben muß, in dem das Gute Macht hat und durch den das Böse gerichtet wird; dem Unglücklichen tritt in der Erscheinung Jesu der Gott nahe, der sich seiner erbarmt. Das muß man an Christo erlebt haben; dann kann man von Offenbarung reden. Wir haben in der Macht, die mit Jesu ist, der gegenüber der Welt recht behält, Gott gefunden, einen Gott, der durch nichts anderes sich bewegen läßt als durch den Sinn, aus dem das Lebenswerk Jesu gekommen ist. An Jesus haftet kein Schatten von Schuld, sonst hätte er nicht am Vorabend seines Todes in der Stiftung des Abendmahles aussagen können, alle Menschen können nur im Rückblick auf seine Person von Unfriede und von der Last der Sünde befreit werden. Trotz des Abstandes aber von uns macht er sich ganz eins mit uns, vergiebt Sünden und hält die Zuversicht fest, daß uns geholfen werden könne, daß sein Gott unser Gott ist, und zieht uns so in den Bereich der Liebe Gottes."

Hiermit hat Herrmann gewiß den Kern- und Sternpunkt des christlichen Zeugnisses getroffen. Es ist wahr, daß wir allein in Christo den Gott finden, der sich unser annimmt. Wir verzweifeln nicht an der Welt, noch an uns selbst, weil Jesus Christus ein wirklicher Bestandteil dieser unserer Welt ist. Jesus ist der unsrige, und die Macht über alle Dinge ist nicht wider ihn, sondern für ihn.

Aber woher weiß und erfährt Herrmann, daß die Macht über alle Dinge für Christus ist, wenn er bloß den geschichtlichen, d. h. den wirkenden, leidenden und sterbenden Christus im Auge hat, nicht wie er auferstanden ist? Gott in Christo können wir nicht nur in dem finden, was Christus gethan und Gott durch ihn, sondern auch in dem, was Gott an ihm gethan hat, und dieses tritt hauptsächlich in der Auferweckung zu Tage. Will man die Auferweckung auf das Wiedererwachen des Werkes Christi in den Gläubigen bis auf unsere Tage sehen, nicht in dem Wiedererwachen seiner Person, so haben wir wohl einen Gott, der im allgemeinen für den Geist und das Werk Jesu ist, aber nicht für ihn selbst, den die Welt gekreuzigt hat; einen Gott, der wohl für das Göttliche in der Welt ist, aber nicht absolut für die Träger dieses Göttlichen, nicht unser Erlöser. Wenn dem so ist, warum schweigt Herrmann so beharrlich von der Auferstehung, die doch wahrlich auch zu den Thatsachen des geschichtlichen Christus, zu dem gehört, was von Anfang an allein den Glauben an Christus möglich machte, während das durch Leiden besiegelte Leben des Heiligen die Liebe der Menschen festhielt?

Bei der Art und Weise, wie Herrmann vom verherrlichten Christus absieht, müssen wir auch sagen, daß nicht einmal die geschichtlichen Nachwirkungen des Lebens Jesu in der Menschheit es uns unbedingt aufdrängen, daß die höchste Macht für ihn ist. Denn noch wogt der Kampf um den Glauben, das Problem der Weltgeschichte, hin und her; noch stecken Christi Bekenner selbst in sittlicher Not; noch ist das Problem zu lösen, daß eine Menge Geister behaupten, ohne Christus mit dem Pessimismus fertig zu werden, sich des Lebens freuen und die sittliche Aufgabe erfüllen zu können. So liegt denn dem Gläubigen die Versuchung nahe, zu denken, seine subjektive Glaubensgewißheit sei schließlich doch nicht stichhaltig, und zu fürchten, er könne seinen Gott wieder verlieren, wie er ihn gefunden.

Auf eine subjektive Erfahrung oder Wahrnehmung, auch wenn der „geschichtliche Christus" die Folie bildete, kann die Gewißheit sich nicht basieren, deren wir zum Glaubenskampf und Sieg bedürfen.

Wohl ist es nach Herrmann nicht eine Lehre, sondern eine Thatsache, worauf sich der Glaube bezieht. Aber ich vermisse hier zweierlei; solange dies fehlt, steht jene Thatsache nicht so fest und sicher in dem Leben des Menschen, wie Herrmann meint, und kann immer wieder anders gedeutet werden. Nämlich: es ist nur eine historische Thatsache, nicht eine gegenwärtige, also eine sehr vermittelte; wenn sie sich noch so lebendig aufdrängt,

daß darüber die zwischen inne liegenden Jahrhunderte ver=
schwinden, wie Herrmann sagt, so ist diese Gegenwart des ge=
schichtlichen Christus doch nur eine Mystifikation, wenn Christus
nicht lebt oder sein jetziges Leben in der Herrlichkeit keine Be=
deutung für den Glauben haben soll. Alles bloß Geschichtliche
ist Sache des Wissens, nicht eine gegenwärtige lebendige That=
sache. Freilich sind die Vermittlungen des geschichtlichen Christus,
die Evangelien und die Gemeinde gegenwärtige Thatsachen;
nichtsdestoweniger ist das, was sie vermitteln, und wie die
Kritiker meinen, nicht einmal adäquat vermitteln, vom erhöhten
Christus abgesehen doch nichts Gegenwärtiges. Die Evangelien
sind ein Bericht von Jesus, und die Gemeinde gewährt oft ein
zweideutiges Abbild ihres Stifters. Es ist daher nur ein halbes
Evangelium und nur ein halber Grund des Glaubens, keine
völlige Gewißheit schaffend, wenn nicht die Verherrlichung Christi
mit seiner Geschichtlichkeit dem Zeugnis mit zu Grunde gelegt
wird. Mag Herrmanns Glaubensgewißheit noch so groß sein,
ich bin gewiß, das ist ihm unbewußt nicht nur durch das An=
schauen des geschichtlichen Christus, sondern noch durch viel
anderes begründet, wodurch sich der Herr als ewig real präsent
bekundet und wodurch er einen Verklärungsschimmer auf sein
Bild in der Geschichte und in der Gemeinde, auf seine Zeugen
und Zeugnisse wirft, daß dieselben jene Kraft ausüben, die auch
Herrmann in ihnen erfahren darf. „Ich bin bei euch alle Tage
bis ans Ende dieses Weltlaufs,“ das gilt nach Matth. 28 eben
für den Gang des christlichen Zeugnisses durch die Welt. Jesu
Sendung ist daher mehr als eine „göttliche Verheißung“; sie ist eine
Gabe Gottes und setzt sich als Gabe fort bei der Berufung des
Einzelnen, der in dem Maße in Christo eine Verheißung sieht,
als er vom Auferstandenen durch seine Organe ergriffen ist. Die
zur Berufung der Menschen wirksame Lebensmacht ist in diesen
Organen nur darum, weil sie vom ewig Lebendigen, vom nahen
Gott und Heiland getragen sind. Hier wurzelt die Kraft und

Sicherheit des Glaubens. In den Menschen, wenn auch ge=
schichtliche Thatsachen anschauenden Menschen, sie zu verlegen,
genügt nicht. Auf diese Weise würde wohl ein gewisser Enthu=
siasmus zustande kommen, nicht der Glaube, der die Welt über=
windet. Wir müssen den subjektiven Boden verlassen, um den
objektiven zu gewinnen. Wohl hat es großen Wert, auf diese
Erfahrung sich berufen zu können, wie das ja moderne Lieb=
haberei ist, sei es daß man mit den Mystikern auf innere geist=
liche Erfahrungen, oder daß man sich mit den Ritschlianern auf
persönlich angeeignete Geschichtszeugnisse beruft. Aber im Christen=
tum giebt es einen höheren, objektiven Boden — Christus. Auf
ihn selbst, nicht auf unsere Erfahrungen, am wenigsten bloß
geschichtlich vermittelte, rekurriert unser Vertrauen. Eine große
geistliche Erfahrung hatte auch Cromwell gemacht. Als es mit
ihm zum Sterben kam, fiel es ihm doch schwer, auf jene Er=
fahrung sich zu verlassen, und es gelang ihm nicht ohne den
beruhigenden Zuspruch seines Geistlichen. „Kann man", fragt
er diesen, „einmal erwählt, wieder aus der Gnade fallen?" —
„Nein", lautete die Antwort. „Dann glaube ich selig zu
werden; denn einmal, das weiß ich, stand ich in der Gnade."
Man wende nicht ein, es sei hier eine anders geartete Erfah=
rung, eine innere, dort bei Herrmann eine historische, worauf
der Glaubenstrost sich gründe; das Gemeinsame ist der subjektive
Eindruck, der dem Wechsel unterworfen ist.

Das Zeugnis des Neuen Testamentes bezeugt den Auf=
erstandenen und seine Erweisungen, und in diesem Lichte die
Dahingabe des Menschensohnes in der Sünder Hände. Zeugen
der Auferstehung werden die Boten des Evangeliums genannt.
Nicht weil sie Christum nicht zugleich als Gekreuzigten verkündigt
hätten; aber erst im richtigen Bewußtsein dessen, wer der ist,
der am Kreuze hängt und in seinem ganzen Leben zu dienen,
zu lieben, Verlorenes zu suchen gekommen ist, gewinnt das Kreuz

die rechte Bedeutung, furchtbar zermalmend und wunderbaren Frieden bringend.

Wir müssen daher entschieden den Satz Herrmanns ab= weisen: „Es ist schon ein Abirren der Gedanken von dem Wesentlichen, ein Heraustreten aus dem Kreis wirklicher Lebens= mächte, wenn wir die Frage aufwerfen, was in ihm gewesen sei, um ihm eine solche Bedeutung für die Menschen nach ihm zu verschaffen." Wie, weiß denn Herrmann nichts von der Frage: Wie dünkt euch um Christus? Wes Sohn ist er? — Oder: Wer saget ihr, daß ich sei? Oder: wer überwindet die Welt, ohne der da glaubet, daß Jesus Gottes Sohn ist? Oder: Gott geoffenbaret im Fleisch ist das Geheimnis der Gottseligkeit? — Es ist begreiflich, wenn Lipsius urteilt, das bei Ritschl und seiner Schule übliche Prädikat der Gottheit habe keinen klaren Sinn und werde daher besser bei Seite gelassen.

An die Stelle des „geschichtlichen Christus" ist daher ein= fach zu setzen: Christus, ohne willkürliche Einschränkung. Es bedarf dann keiner solchen mystischen Sätze wie: „Nimmt sich ein Gott meiner an und weiß ich das durch den geschichtlichen Christus, so wird mir dadurch Christus über alle Zeitenferne nahe gebracht." Und wie wir Christum nicht einschränken dürfen, welcher war, ehe er kam, und welcher ist, nachdem er geschieden, so daß die Gläubigen des Alten und Neuen Bundes stets unter seinem persönlichen, nicht bloß historisch vermittelten Einflusse gestanden sind, so wenig dürfen wir auch die Mittel einschränken, durch welche Christi Offenbarung an uns herantritt. Es geht nicht immer wie bei dem Marburger Professor, und gewiß stand auch er schon längst unter dem Einfluß der Lebensmacht des Erhöhten, ehe jene historischen Betrachtungen gleich einer neuen Offenbarung ihn ergriffen. „Was ich jetzt thue, das weißt du noch nicht; du wirst es aber hernach erfahren." Ein Weg nur führt zum Vater; aber zu Christo führen viele Wege, und Gott berührt uns in Christo durch verschiedene Vermittlungen, ehe das menschliche Bewußtsein imstande ist, sich darüber Rechenschaft zu geben. Die Gabe Gottes geht den Gedanken des Menschen voran. Freilich weiß sich ja auch Herrmann von Gott in Christo ergriffen und mit einer Gabe und Erfahrung gesegnet, die er von allen nachfolgenden Gedanken darüber unterschieden haben will. Immerhin trägt seine „Offenbarung" noch zu sehr das Gepräge des Reflexiven, der Gedankenarbeit; mit dem Kopf, dessen Thätigkeit ihm die Sakramente zu ersetzen scheint, will der Professor in den Himmel hinein. Wenn Herrmann, um die gewöhnliche Lehre von Gott als unfruchtbar zu besavouieren, an Luthers Wort erinnert: „Der bloße Gedanke an Gott hilft ihnen so wenig als eine Mönchskappe," so sind die Gegner vielleicht versucht zu erwidern: „Aber noch weniger hilft uns der bloße Gedanke an eine göttliche Erfahrung." Es ist nicht gut, in vielem, das uns Christum vermittelt, wie die Sakramente und das Amt Christi, eine Beeinträchtigung Christi zu sehen und es gering zu schätzen mit Worten wie: Das lassen wir getrost dahingestellt. Sagt doch Christus von Menschen: Wer euch höret, der höret mich! Ein allerdings großer Gedanke hat Herrmann ergriffen und begeistert; nun verfolgt er ihn mit ausschließlicher Liebe bis in alle möglichen Konsequenzen und bis zur einseitigen Übertreibung und bekämpft oder ignoriert nach Art solcher Geister alle andere Wahrheiten, die ihm unbequem in den Weg kommen und jenen Gedanken, der ihm solche Impulse gegeben, in den Schatten zu stellen scheinen. Was Gott zusammengefügt hat, das liebt der Mensch zu scheiden, auch in Kirche und Theologie.

2.

Doch wenden wir uns zu den Aufstellungen Herrmanns über das Wesen des Glaubens. Auch hier hat er entschiedene Verdienste. Mit Ritschl streitet er gegen die falsche Vorstellung vom Glauben, als ob er ein Fürwahrhalten von Lehren wäre

und als ob es auf die Quantität dessen, was man glaubt, an=
käme, da vielmehr die Qualität des Glaubens entscheidet. Der
Glaube ist, wie übrigens schon der alte Heidelberger gelehrt hat
und jetzt noch Land auf, Land ab gelehrt wird, ein persönliches
Vertrauen, welches sich nicht an gewissen Lehren entzündet,
sondern an der höchsten Person voll Macht, Heiligkeit und Liebe,
der wir durch Christum inne werden als eines uns nahen, er=
lösenden Gottes. Mit Recht streitet Herrmann, beiläufig gesagt,
im Interesse des Glaubens gegen die Auffassung Gottes als
einer Substanz; nur einer Person gegenüber und im Verkehr
von Personen kommt die wirksame Kraft des Vertrauens zustande,
und es ist die höchste Person, die durch Kundmachung ihres
Liebeswillens in Christo Leben weckend in unser Inneres ein=
greift und unseren Geist bezwingt. Weil es der göttliche Wille
ist, der in der Offenbarung auf uns wirkt und den Glauben
bewirken will, so kann der Glaube schon deshalb nicht eine Frucht
mathematisch zwingender Beweise, nicht Sache des Verstandes,
sondern muß Sache des Willens und kann daher für einmal
nicht beweisbar sein. Entschieden stimme ich mit Herrmann
und Ritschl darin zusammen, daß die Dinge des Glaubens nicht
Sache des Beweises sind, möchte aber mehr als sie betonen, daß
sie einerseits Sache des göttlichen Zeugnisses, andererseits Sache
des menschlichen Willens sind, wobei freilich Gefühl und Er=
kenntnis, ja der ganze Mensch beim Empfang der Offenbarung
mitparticipieren. Es macht beim Lesen der Schrift Herrmanns,
der bald das Gefühl, bald den Intellekt aus dem Gebiet des
Glaubens verbannt haben will und von aller Psychologie, auch
vom Willen in der Lehre vom Glauben schweigt, manchmal den
Eindruck, als ob er in der Genesis des Glaubens eine Art
Naturprozeß sähe, wo alles nur darauf ankommt, daß Gott uns
im geschichtlichen Christus begegnet. Das geschieht in guter
Meinung, im Interesse der Offenbarung, ohne deren Eintritt in
unser Leben wir nie gläubig werden können, und um den

Glauben als göttliches Werk zu erweisen. Aber sicherlich ist hier eine Lücke. Der Mensch ist beim Glauben mitbeteiligt, namentlich sein Wille. Auch ohne notitia kann er sich nicht entscheiden. Darum, dünkt mich, sollte Herrmann die alte Zerlegung des Glaubensprozesses in notitia, assensus und fiducia (Kenntnis, Zustimmung, und Vertrauen) nicht so abschätzig behandeln, als ob davon d. h. von notitia und assensus nur die Rede sein könnte, wenn das Glaubensobjekt eine Lehre sei. Auch von der Person Christi hat Herrmann, ehe sie seinen Glauben bewirkte, Kenntnis bekommen müssen; auch die persönlichen Willens= äußerungen bedürfen der Zustimmung, ehe das Vertrauen völlig Platz bekommen kann. Und daß es einen Willen giebt, zeigt am evidentesten der Unwille, der sich auch gegen den im eigenen Leben und in der eigenen Natur ausgesprochenen Gotteswillen stemmen kann. θέλοντες ἀγνοοῦσιν sagt die heilige Schrift.

Im Gegensatz zu der Herabwürdigung des Glaubens zu einer bloßen, zur Heuchelei führenden Annahme unverstandener Sätze und Lehren fühlte sich Ritschl berufen, im Anschluß an Luther wieder zu lehren, was Glauben sei, und Ritschl ist in der That groß durch Verknüpfung der beiden Sätze: Der Glaube macht selig und frei, und: der Glaube ist Unterwerfung unter die Autorität der Offenbarung. Diese Unterwerfung unter die Autorität ist bei Ritschl freilich etwas eigentümlich gestaltet dadurch, daß der Unterworfene der Autorität sagt, wie weit ihre Grenzen gehen, nämlich soweit sie sich an ihm legitimieren. Immerhin begrüßen wir Ritschls Indignation und Kampf gegen „ein religiöses Virtuosentum," das sich in Gedanken bewegt, zu welchen man noch nicht empor gewachsen ist, — wo Technik wird, was Ausdruck des Lebens und Verständ= nisses sein sollte. Bei diesem Kampfe ist es aber Ritschl und Herrmann hie und da ergangen, daß sie den Gegner zu einer Karikatur machten, gegen die leicht aufzukommen ist. So hat nach Herrmann der Satz: „Der Glaube macht selig"

landläufig den Sinn: „Der Christ , der sich redlich bemüht, das
für wahr zu halten, was er nicht als Wahrheit verstehen kann,
sagt sich, Gott werde ihm einmal lohnen für diese Leistung."
Wer in aller Welt lehrt so vom rechtfertigenden Glauben?
Allerdings tritt eine durchaus schiefe Auffassung des Glaubens
da zu Tage, wo man etwa so unterscheidet: Der Katholik glaubt,
was die Kirche lehrt; der Protestant, was die Bibel lehrt, als
ob es auf die Menge dessen, was geglaubt wird, ankäme, wobei
dann die Katholiken die Ganzen und die Protestanten die Halben
wären und der Unterschied nur in der Autorität läge, durch
welche die Glaubensobjekte dargeboten würden. Mit Herrmann
ist leicht einzusehen, daß solcher Autoritätsglaube nicht auf halbem
Wege stille stehen kann; denn da wir die Bibel aus der Hand
und auf das Zeugnis der Kirche bekommen haben, so wird
dadurch auch die Kirche bis zu einem gewissen Grade zur Au=
torität. Um diesem „Katholizismus" zu entfliehen, allerdings
auch im Interesse persönlicher Wahrhaftigkeit, wird nun Luthers
Freiheit ausgebeutet, bis zu einer Art Hyperprotestantismus
vorgeschritten und aller Autoritätsglaube abgestreift: Ich glaube
nicht Lehren, ich glaube an Gott, sofern er sich mir in Christo
offenbart, mich in Christo frei macht, und hintendrein unterwerfe
ich mich dem Geglaubten, d. h. ich lasse den Glauben wirksam
sein. Der Glaube des Protestanten müsse um so mehr ein
freier, starker sein, weil ihm die Hülfsmittel fehlen, welche beim
Katholiken so vieles ausrichten: Mystik, Amt, gute Werke,
Kultus, und weil bei uns der Glaube alles thun müsse. Gewiß
ist es nicht ohne Grund, wenn Herrmann sagt, man solle doch
keine Mauer aufrichten gegen die, die nicht alles für wahr halten
können, was die Schrift berichtet; dem Menschen der modernen
Kultur, der sich in eine endlose gesetzmäßig geordnete Welt hin=
eingesetzt sieht, seien die Gedanken des Glaubens etwas Fremd=
artiges, nichts Gewohnheitsmäßiges mehr. Das ist auch die Lehre
und Praxis des Neuen Testamentes. Nicht an Dogmen, sondern

an die Person Christi, die allerdings auch in einer Lehre, der
„Lehre Christi" (von Christo) vor uns tritt, bindet es die
Menschen; ja sogar auch bei der Aufnahme Christi galt es im
Anfang bei seinen Jüngern nicht ein korrektes Bekenntnis zu
haben, sondern ihn in seinem Wesen, Willen und Wirken per=
sönlich aufzunehmen. Auch in Sachen, die schließlich geglaubt
werden können, ist es nach Herrmann gut, sie nicht von vorn=
herein zum Glaubensobjekt zu machen, weil jeder seines eignen
Glaubens leben und der Inhalt des Glaubens aus diesem selbst,
nicht von außen, resultieren müsse. Aber der Glaube schöpft
nimmermehr das Objekt des Glaubens aus sich selbst, und ohne
Objekt würde der Glaube kein Glaube, sondern ein grundloses
Vertrauen sein. Auch als persönliches Vertrauen eignet sich der
christliche Glaube den Erlöser mit seiner Welt fort und fort an,
ohne je stille zu stehen. Wie in der Erziehung an den Gedanken
anderer, so erstarkt der Christ und sein Glaube an den Gedanken
der Bibel. Es gehört zum Wesen des Glaubens, nicht aus sich
selbst zu wachsen, da er das Gegenteil von Selbstverlaß ist, —
Hingabe an den, der über uns ist, den wir nicht übersehen und
nie ausschöpfen.

In der Ritschl'schen Schule wird das Wesen des Glaubens
tiefer gefaßt als bei den liberalen Theologen. Hiervon schreibt
Herrmann: „Sie empfinden zwar die Herabwürdigung des
Glaubens zu einer Leistung, die gegen das Gewissen geht. Aber
sie setzen an dessen Stelle nicht den christlichen Glauben, sondern
eine im Wesen des Menschen begründete allgemeine Religiosität.
Es fehlt ihnen das Verständnis dafür, daß der christliche Glaube
die unbedingte Unterwerfung unter eine Macht ist, die der Christ
von seinem eigenen inneren Leben unterscheidet, nämlich unter
die Offenbarung Gottes." — Wer sollte sich nicht freuen über
eine solche Auffassung des ·Glaubens. Wenn nur die unbedingte
Unterwerfung nicht stark gehemmt würde durch den Umstand,
daß Herrmann das subjektive Ergriffensein von der Offenbarung

und das Maß des individuellen Verständnisses selbst Offenbarung
nennt! Wenn nur nicht die subjektive Erfahrung zu sehr den
Gang bestimmen würde für die ganze folgende Entwicklung des
Glaubens! Soll der Glaube unterwürfig in die Offenbarungs=
welt hineinwachsen und göttlich erstarken, so darf er nicht von
vornherein mit der Suffisance Herrmanns den Umkreis und
Bereich jener Offenbarungswelt so zu sagen beschreiben und be=
grenzen. An dem können wir uns nicht entwickeln und durch
das können wir nicht geheiligt werden, an dem wir kritisch so
den Meister spielen, wie von vielen Vertretern dieser Schule an
den Offenbarungsurkunden es geschieht. Nicht erst in der späteren
Kirche, sondern schon im Neuen Testamente wird die Lehre
Jesu Christi, der τύπος τῆς ὑγιαινούσης διδαχῆς als Gegen=
stand des Glaubens hingestellt, und weil diesem Vorgang wie
alle Kirchenlehrer auch Luther gefolgt ist, darum wird er von
Herrmann gelegentlich angeklagt, er sei zeitweise von seinem hohen
Glaubensbegriff wieder ab= und in die katholische Auffassung
zurückgefallen, als ob es wirklich nur eine fides qua creditur
geben könnte, nicht notwendig auch eine fides quae creditur.
Ich fürchte doch, obschon ich keineswegs dem Quantitätsglauben
huldige, trotz der Menge von Citaten aus Luther, wovon Herr=
manns Buch voll ist, würde Luther gegen diese Schule den
Vorwurf erheben, den er gegen die Baptisten erhoben hat: „Ihr
redet immer vom Glauben und habt keinen Glauben an die That
Gottes im Menschen, bis ihr sie sehet." — Es wäre nicht zu
schwer, aus dem vielseitigen, oft paradoxen und eine lange Ent=
wicklung durchlaufenden Luther ein ganzes Buch von Citaten
g e g e n Ritschl zusammenzustellen, wie jetzt in Herrmanns Buch
eine Menge f ü r ihn gesammelt ist. Jener Kultus des Glaubens
erinnert sehr an die moderne Liebhaberei für Anatomie und
Vivisektion. Wenn Herrmann betont, der Prediger habe immer
wieder zu zeigen, was der Glaube sei, wie er entsteht, was für
Güter und Pflichten er bringt, so kommt mir das vor, wie

wenn ein Haushalter das Gesinde lehren wollte, was Hunger und Durst oder was Trinken sei, statt ihnen Speis und Trank oder die Milch zu bieten. Dagegen sage ich: In unserer modernen, nach Leben und Trost schmachtenden, unter dem Druck und Dienst des vergänglichen Wesens, im Kampfe des Daseins nach Erlösung, Ruhe und Freiheit seufzenden Zeit predige das Evangelium vom Reiche, und der Glaube wird von selbst erwachen. Du hast nicht sowohl den Glauben zu predigen, als vielmehr als Bote an Gottes Statt den Glauben zu wirken, allerdings nicht durch eine Predigt über das Wort Gottes, sondern durch Predigt des lebendigen Wortes Gottes selbst. Nun, etwas von dem meint auch Herrmann, bleibt aber in seinem System weit hinter dem zurück, was er will, wobei ich aber zur Entschuldigung sein bescheidenes Wort anführe: Wenn wir selbst als Christen unvollkommen sind, so müssen es auch unsere Systeme sein.

Jenes Wort gegen die Anabaptisten hat der Reformator mit Bezug auf das Sakrament der heiligen Taufe, speciell der Kindertaufe, geschrieben, und gerade in dieser Frage zeigt sich Herrmann auch sehr verwandt mit jener Richtung der Reformationszeit, welche ebenfalls den Kultus des Glaubens trieb. Gegen alle Gefahr der Schwarmgeisterei muß immer wieder bezeugt werden, daß Gott in der Kirche heilige Geheimnisse niedergelegt hat, vermittelst welcher vermöge der Gegenwart des verklärten Herrn Glaube und Gehorsam nicht nur ihre Übung und Bewahrung vor Selbstauflösung, sondern zugleich den göttlichen Gnadenbeistand empfangen, dem nachzufolgen, der nicht von dieser Welt war. Diese Wahrheit der Offenbarung wird in Herrmanns Buch gänzlich verkannt, so klar und fest sie in der Schrift begründet ist.

Was diese Schriftwahrheiten betrifft, so sind sie allerdings nicht Christus selbst, auf den nach Herrmann einzig der Glaube gerichtet sein muß. Aber er selbst sagt: Wenn das Schriftverständnis stille steht und die Bibel uns gleichgültig wird, so werden wir daraus die Mahnung entnehmen, daß wir anfangen zu verdorren. Und in einer andern Schrift (die Offenbarung): „Erneuert und erlöst sein und in die Gedankenwelt der heiligen Schrift sich hineinfinden können, das hängt zusammen." Es hat mich frappiert, wie beständig Luther, wie selten, fast niemals das Neue Testament citiert wird und wie bei wichtigen Schriftwahr= heiten, welche Kleinodien des Glaubensschatzes der Gemeinde ausmachen, Herrmann gar leicht darüber hinwegkommt: „Das lassen wir getrost dahingestellt!" Die Geringschätzung Herrmanns trifft namentlich auch die Wunder des Neuen Testaments. „Vor dem Ernst des Heilsverlangens weichen die Wunder des Neuen Testaments zurück; die Person Christi verdrängt die Wunder, jene ist uns alles." Da sage ich aber: Ist uns Christus alles, ist er das Heil und das absolute Wunder, so sind damit auch die Wunder seiner Person und seines Werks selbstverständlich; es sind ja Heilswunder, welche die Erlösung, die volle und ganze Erlösung bedeuten. Wie wird aber erst in der ganzen modernen Theologie Schriftverständnis und Schriftinteresse immer kleiner! Wie werden die „unwirtlichen Steppen und Sandwüsten in der Schrift," wo sich nur Spuren rabbinischer Theologie, antike Naturanschauung, jüdische Apokalyptik, Akkommodation, aber nichts für den Glauben finden soll, immer größer! Im Alten Testament finden sie fast nur negative Vorbereitung auf den Erlöser, Ballast, der wegzu= werfen ist, während das Vorbild alles Glaubens für jedes Jota im Gesetz Pietät hatte, den Lehrer klein hieß, der von Auflösen redet, und den Jüngern die Schriften öffnete, daß sie Christum nicht nur in den Propheten, sondern auch in den Typen des Gesetzes und der Geschichte vorgebildet fanden, wie sie später in ihren Schriften von diesem Verständnis des Glaubens Gebrauch gemacht haben. Ein Glaube, der anders zur Schrift steht und absolut sein will, ist uns verdächtig. Doch läßt so vieles in Herrmanns Schrift Raum zur Hoffnung, daß Herrmann diesem absoluten freien Glaubensstandpunkt nicht verfallen ist. Er weiß, daß vieles in der Bibel sich findet, wofür das Verständnis noch nicht gereift ist, und spricht es als allgemeinen Grundsatz aus: Jetzt erst, durch den Glauben sind wir fähig, Propheten und Apostel zu verstehen.

3.

In Beziehung auf das Verhältnis des Glaubens zur sitt= lichen Welt liegt in der Ritschl'schen Schule offenbar eine bedeutende und beachtenswerte Arbeit vor, — beachtenswert, weil die hier vertretenen, wieder hervorgeholten Wahrheiten in mystischen und pietistischen Kreisen so oft verkannt worden sind. Ritschl macht mit großem Ernste geltend, daß es dem Glauben wesentlich sei, nicht in falscher Kontemplation sich abzuschließen, sondern in den sittlichen Sphären sich zu bethätigen. Zu solcher Bethätigung liege im Glauben nicht nur die Kraft, sondern auch der specielle Antrieb, und durch solche sittliche Thätigkeit werde der Verkehr mit Gott nicht nur nicht unterbrochen, sondern sie gehöre recht eigentlich zu diesem Verkehr und sei eine Erweisung des Glaubens und der Herrschaft Gottes in uns. Schön drückt sich Herrmann so darüber aus: „Das Bestreben, den natürlichen Ansprüchen der Welt an unsere Teilnahme auszuweichen, ist dem Glauben zuwider. Denn in der bequemen Ruhe, die auf solche Weise gewonnen wird, können zwar unsere eigenen Phantasien über die göttlichen Dinge aufblühen. Aber die Kraft des erlösenden Gottes, den wirklichen Verkehr mit ihm erfahren wir nur in der getrosten Beugung unter das Notwendige, unter die von der Vorsehung uns auferlegte Situation. Für den Christen wird die das Gefühl verletzende Härte der Pflicht zu einer Ver= heißung noch verborgener Güter, die in unendlicher Fülle vor ihm liegen. Im Kampfe mit der sittlichen Aufgabe, die immer größer ist als wir selbst, erfahren wir, daß die Berührung mit Gott in dem Glauben, der von ihm geweckt ist und der sich auf ihn verläßt, uns über uns selbst hinausbringt." Ähnlich sagt Luther: das Leben des Christen ist nichts anderes als ein

Harren, Warten und Verlangen, daß da offenbar werde, das
in uns ist. „Darum legt Gott den Gläubigen das Kreuz auf,
daß sie die Kraft Gottes schmecken und versuchen, die sie gefaßt
haben durch den Glauben." Dieses Hereinziehen der sittlichen
Thätigkeit in den Verkehr mit Gott wird gewiß mit Unrecht ein
trockenes Moralisieren genannt; ich sehe darin die Energie und
Gesundheit des Glaubens. Es ist das, was gemeint ist in
Phil. 2, 15 mit jenem „Mitten unter dem unschlachtigen
Geschlecht, unter welchem ihr scheinet als Lichter in der Welt,"
— gemeint mit dem Salz der Erde, dem Licht der Welt, das
nicht unter den Scheffel gestellt werden darf. Es erinnert an
die Mahnung des Jakobus, daß ein reiner Gottesdienst der sei,
Witwen und Waisen zu besuchen u. s. w.; an das Wort
Blumhardts, ein Christ müsse sich zweimal bekehren, von der
Welt zu Gott und dann mit Gott zur Welt; an das Wort
eines erleuchteten Engländers, im Einssein mit Gott und zugleich
mit den Menschen liege und finde sich das wahre Kreuz.

Indessen ist die Gefahr der Übertreibung nicht ganz ver-
mieden worden. Man bekommt den Eindruck, der Verkehr mit
Gott müsse fast in der Thätigkeit nach außen, in der Bethätigung
in den sittlichen Lebenskreisen aufgehen. Die Arbeit scheint das
Gebet ganz zu verdrängen. Doch ist dies nur ein Schein; denn
Herrmann giebt zu, daß aus dem Glauben, der als stete Richtung auf Gott selbst ein unablässiges inneres Gebet sei, bei
gegebenem Anlaß die besondere, die Arbeit unterbrechende Gebets-
rede hervortrete. Gleichwohl geht er in der Abweisung der
katholischen und mystischen Frömmigkeit und in der fast ausschließlichen Hervorhebung der sittlichen Thätigkeit zu weit. Es
kommen Sätze vor wie diese, der Verkehr mit Gott decke sich
mit dem Streben und Wirken des Sittlich-Guten; ferner: das
Gute oder Sittliche sei nichts anderes als der Ausdruck des
Ewigen. In der besonders auf Gott gerichteten Gebetsfrömmig-
keit, wenigstens in der katholischen, sieht Ritschl einen Versuch,

sich in ein eingebildetes Privatverhältnis zu Gott zu setzen. J. P. Lange, welchem Lipsius recht giebt, sagt darum, so mache man die christliche Gemeinde zu einer Arbeiterkolonie. Arbeit ist die moderne Losung geworden, ähnlich wie zu Pharaos Zeit, wo es hieß: „Arbeitet, arbeitet! Ihr gehet müßig; darum sprechet ihr: wir wollen unserem Gott dienen in der Wüste." Zu tief liegt der Zug zur Anbetung im gläubigen und mensch= lichen Gemüt; zu deutlich steht in der Schrift: mein Haus soll ein Bethaus sein; zu gern verweltlicht sich der Mensch in den Arbeiten des irdischen Berufs (wie denn in der Gottesferne gewisse Industrieen sich wie bei den Kainiten schneller entwickeln als bei schlichter Frömmigkeit, die für den fernen Gott keinen Ersatz zu suchen braucht in der Hingabe an die Natur und ihrer Ausbeutung), — als daß wir in diesen Ritschl'schen Aufstellungen die volle Wahrheit erkennen könnten. Wohl ist es ein Ideal protestantischer Frömmigkeit, der Welt gegenüber zu erfahren, was Gott aus uns macht, und es ist wahr, daß wir, mit Luther zu reden, nur dann von der Welt abgeschieden sind, wenn wir sie recht brauchen. Indessen ist im Gebrauche der Welt des Guten eher zu viel geschehen, so daß wir uns erinnern lassen müssen, daß die Gestalt der Welt vergeht und daß es nach dem Apostel mit zum Gottesdienste gehört, sich von der Welt unbe= fleckt zu erhalten. Id fit, erklärt Bengel, si abstinetur a consuetudine aliorum, qui neque nobis prosunt, neque nos illis. — Es ist durchaus unbewiesen, daß ein inneres Leben, ein Verkehr mit Gott in allen Momenten, wo eine Beziehung zur äußeren geschichtlichen und sittlichen Welt fehlt, den Rückzug bedeute aus der Wirklichkeit in eine Traumwelt. Durch solche einseitige Betonung des Sittlichen setzt sich Herrmanns System dem Verdachte aus, es kenne kein Sein, nur ein Werden, kein Finden, nur ein Suchen und sei nahe verwandt dem Satze des alten Thales: πάντα ῥεῖ. Die ganze biblische Weltanschauung zielt auf die Ruhe der Vollendung ab, welche schon im Sabbath vorgebildet ist. Wie dieser Tag ein Zeichen ist des Gottes über der Welt, so ist, ganz anders als die Arbeit, das Gebet ein Zeichen, daß wir jenen Gott gefunden haben. „Siehe, er betet,“ heißt es bezeichnend von Saulus. Darin können wir uns ja mit Herrmann einigen, daß wir Gottes Verkehr mit uns nicht aus Phantasieerlebnissen und gestaltlosen Gefühlserregungen, sondern aus zur Rede Gottes werdenden geschichtlichen Vor= gängen erfahren. Aber diese offenbarungsgeschichtlichen Vorgänge berühren den ganzen Menschen, das Gefühl und den Intellekt so gut als den Willen und rufen einem Verkehr des Menschen mit Gott, in welchem sich auch der ganze Mensch bethätigt, — einem Verkehr, der wirklich auf den Gott geht, der nicht in der Schöpfung aufgeht. Neben berechtigten ethischen Motiven kommt bei Herrmann offenbar die eigentliche Glaubenswelt zu kurz. Wir dürfen es dem wahren und wirklichen Gotte, der uns in Christo Jesu begegnet ist, auch zutrauen, daß er den, den er ergriffen hat, nun auch ihn in Wahrheit ergreifen und sich im Gebet so finden lasse, daß es ein realer Verkehr ist auch ohne geschäftliche Gebietsobjekte. Dem um den heiligen Geist Bittenden giebt Gott nicht Steine für Brot, nicht Täuschung für Wirklich= keit. Auch sind es wirkliche Gaben, womit Christus im Gläubigen verherrlicht wird; — es ist ein erhöhtes, so zu sagen intensiveres Personleben, welches durch die Salbung in denen, welche sie empfangen, geschaffen wird; — Zustände und Kräfte der künftigen Welt, welche nach Erfahrung und Schriftzeugnis entschieden von ihrem Gebrauch zu unterscheiden sind. Ich kann dem Satze Herrmanns auf S. 133 gar nicht beistimmen: „Das Empfangen ist von dem Gebrauch des Empfangenen nicht zu unterscheiden. Die göttliche Gabe ist keine uns unbekannte Kraft, die mit ver= borgener Naturgewalt auf uns einwirkte.“ Nur das gebe ich zu, daß die göttliche Gabe nicht mit zwingender mechanischer Natur= gewalt auf den Empfänger wirkt. Nach der Anschauung des Neuen Testamentes kann die Gabe da sein, ohne daß sie zum rechten Gebrauch zur Ehre Gottes kommt, was freilich schließlich wieder ihren Entzug und Verlust mit sich führt. „Erwecke die Gabe, die in dir ist durch Auflegung meiner Hände" mahnt der Apostel des Herrn, des Heiligen, dessen Salbung bei denen bleibt, die sie empfangen, 2. Tim. 1; 1. Joh. 2.

Ich bin überzeugt, daß Gebet und sakramentlicher Verkehr mit Gott der eine Pol ist, dem der andere des sittlichen Weltverkehrs entspricht. Soll der letztere kein sündhafter oder energieloser werden, so muß er beständig im ersteren Wurzel und Nahrung haben. Nur eine falsche Mystik, welche sich mit ihren eigenen Phantasien beschäftigt und einen besonderen Verkehr mit Gott pflegt, ohne in der geschichtlichen und organisch kirchlichen Verbindung mit Christo zu bleiben, — nur eine solche Mystik, nicht aber die wahre Mystik, verdient die Abweisung Ritschl's und seiner Schule. Es ist der Menschheit Unglück, daß ein Extrem dem andern ruft. — Unsere Zeit ist der Hast und dem Treiben der ruhelosen Arbeit verfallen; — wie wohlthätig wirkt es auf unseren Geist, wenn wir aus diesem Treiben zeitweilig etwa in Gegenden versetzt werden, wo Land und Leute das Gepräge katholischer Frömmigkeit und Andacht tragen!

In der Lehre vom Gebet müssen nach Herrmann zwei Dinge eins und im rechten Verhältnis sein, nämlich erstens das herzliche Verlangen, von Gott eine besondere Hülfe zu erfahren, sodann die demütige freudige Ergebung in den Willen Gottes. Zwischen beiden, jenem Wunsch und dieser Ergebung, sei ein Kampf, welcher wenn er recht verlaufe, den Christen auf die höhere Stufe bringe, daß der natürliche Wunsch, auf Gottes Willen einzuwirken, zurücktrete hinter dem göttlichen Gedanken, daß Gottes Liebe größer ist als Vater- und Mutterliebe. Herrmann schließt sich dem Satze an, daß man beim Beten weniger an ein uti Deo, als vielmehr an ein frui Deo denken müsse. Aber gerade diese Gedanken sind Gedanken und Bestrebungen der echten Mystiker und ein Beweis, daß sich keiner ganz konsequent auf einseitiger Höhe halten kann, sondern fortwährend sein System durch die Macht der Wahrheit und Erfahrung in die Brüche gehen sieht.

—

Doch der uns zugemessene Raum nötigt uns abzuschließen. Herrmanns Werk hat große Verdienste. Viele alte Wahrheiten sind teils aus ihrer Verzerrung und Entstellung befreit, teils in neuen Zungen dem modernen Verständnis nahe gebracht. Es ist dies ein evangelistisches Verdienst um die Wissenschaftlichen. Eines Evangelisten Sache aber ist es nicht, die ganze Fülle der Wahrheit zu geben, sondern in ihre Anfänge und ihren Grund lebendig einzuführen oder vielmehr, auf Christus den Menschen zu gründen. Das thut Herrmann auch. Aber das Amt und Werk des Evangelisten bedarf der Ergänzung durch ein anderes, das des Hirten und Lehrers, und durch weitere Gaben, durch welche der Herr seine Kirche zum vollen Maß göttlicher Erkenntnis führen will. Darum sollte Herrmann, wenn er auch die Grundthatsache des Evangeliums mit Begeisterung ergriffen hat, doch bescheiden von seiner Gabe und Stellung denken. Er und seine Lehre bedürfen der Ergänzung, wie auch der Beschneidung, was alles nur in der rechten Verbindung mit der Kirche Gottes gefunden wird. Diese Verbindung theoretisch zu betonen ist leichter als praktisch sie durchzuführen. Der „sittliche Verkehr" mit andern Theologen ist in Ritschls Schule auch gar ein polemischer, was allerdings mit der geringen Dankbarkeit für die positiven Leistungen dieser Schule auf seiten der Gegner, andererseits aber auch mit einer gewissen Sufficientia zusammenhängt, die weniger der heiligen Schrift als dem eigenen Standpunkte zugeschrieben zu werden scheint. Nicht nur wird mit Theologen wie Frank gar nicht säuberlich gefahren und verächtlich umgesprungen, sondern auch von Zeugen wie Justinus Martyr geringschätzig gesprochen. „Wenn ein Christ auch so wenig von apostolischer Erkenntnis besäße wie der

Märtyrer Justinus, — wenn er sich nur durch Christus vor
Gott gestellt weiß, so hat er genug." Wer weiß, ob nicht, nach
Herrmanns Maßstab gemessen, auch die meisten Schriftsteller des
Neuen Testamentes „wenig von apostolischer Erkenntnis" besäßen?
Herrmann scheint es sich gemerkt zu haben, was Luther sagt,
daß mit der Demut vor Gott ein unverzagter Trotz gegen alles
in der Welt nebenhergeht. In der Professorenwelt und ihren
Erzeugnissen macht sich der Mangel an kirchlicher Stellung und
Verbindung fühlbar. Das Charisma des Einzelnen macht sich
auf Kosten des andern geltend und artet ohne organische Verbindung aus. In ihren positiven Aufstellungen haben die
Richtungen gewöhnlich recht, aber unrecht in ihren Übertreibungen
und in den entstellenden Negationen des Gegners. Jeder, der
etwas gefunden oder vielmehr im Glauben sich angeeignet hat,
will eine neue Theologie schaffen. Durch diese Kämpfe der
theologischen Richtungen tönt das: „Wer ist der Größte im
Reiche Gottes?" hindurch, Matth. 18, 1. „Wenn ihr nicht um-
kehret und werdet wie die Kinder, so werdet ihr ins Himmelreich
nicht einmal kommen," lautete die Antwort des Meisters aller
Meister. Ihm folgte der große Bengel, der einmal sagte, er komme
weiter, wenn er mit seinen Schülern fortmache, als wenn er sich
den gelehrten Größen seiner Zeit empfehle. Die Offenbarungs-
theologie, wenn sie eine solche bleiben will, darf nicht so abstrakt
werden, daß eine gläubige Gemeinde und ihre Kinder gar nichts
mehr von ihren Verhandlungen verstehen könnten. „Jesus stellte
ein Kind unter sie." Eine solche Repräsentation der Kirche in
Mitten der streitenden abstrakten Theologen würde oft gar
heilsam wirken. Freilich kämpft ja gerade die Ritschl'sche Schule
gegen alle metaphysische Abstraktion in der Theologie. Das
hindert aber nicht, daß man von Christus und dem individuellen
Glauben in abstrakten Formeln redet und aus dem Glauben,
den man praktisch und theoretisch ergriffen haben will, nun ohne
Ende wieder schulmäßige Schlußfolgerungen ableitet, auf Kosten

lebendiger Wahrheit und ihrer Fülle. Ja wohl muß der wahre Glaube, der selig macht, ein lebendiger Glaube sein, der Christus ergreift mit subjektiver Wahrheit. Aber Christus, dessen mysti= schen Verunstaltungen gewehrt werden will, ist noch objektiver als die Ritschl'sche Schule sich träumen läßt; Christus ist nicht nur der geschichtliche, sondern der objektiv zur Rechten Gottes sitzt und der seine Kirche baut nicht auf die Principien der Professoren, sondern auf das Bekenntnis der Gemeinde. Wenn wir Christus nur in dieser wirklichen Welt treffen, so treffen wir ihn nie vollkommen. Und selbst die auf des Menschen Glauben und Verkehr mit Gott gerichtete und sich darauf be= schränken wollende Reflexion hat ihre Grenzen. Abscondit enim Deus omnem vitam sanctorum ita profunde, ut ipsi eam scire non possint, sagt Luther mit Recht.

So mögen denn Ritschl und Herrmann ihre Stelle haben im Reiche Gottes! Aber die Einfalt auf Christus geht allem vor, und diese Einfalt ist mehr als die Beschränkung auf ein theologisches Princip. Dessenungeachtet müssen sicherlich auch diese Verhandlungen über den „geschichtlichen Christus" und den „im Sittlichen sich auswirkenden" Glauben dazu dienen, daß in dem Namen des erhöhten Christus, der alles erfüllet, sich die Knie beugen.

V

Wie sollen wir uns gegen die Separatisten verhalten?

In einer Stadt der Ostschweiz waren vor einiger Zeit circa vierzig Pfarrer versammelt, um über die Frage zu verhandeln: „Wie sollen wir uns gegen die Separatisten verhalten?" — — Unter „Separatisten" verstand man alle diejenigen, welche sich zu besonderen religiösen Versammlungen und Gemeinschaften außer der Landeskirche zusammenthun, mögen sie nun aus dieser Landeskirche förmlich ausgetreten sein oder nicht, an dieselbe Steuern zahlen oder nicht. — Man hatte das Gefühl, daß sehr vielen Geistlichen diese Sondergemeinschaften ein schweres Kreuz sind und daß eine große Zahl der Geistlichen ungewiß hin und her schwankt, ob sie diese Separatisten bekämpfen oder gewähren lassen oder mit ihnen in brüderlichen Verkehr sich setzen sollen.

— Die Sache ist sehr wichtig für jeden Freund des Reiches Gottes, und eine ernste Betrachtung der gegenwärtigen religiösen und kirchlichen Lage unseres Volkes kann dazu dienen, daß man hüben und drüben mehr Buße thut, — Buße, die ja immer der Weg zum Leben und zur Hülfe ist.

Es wurde in jener Versammlung der Geistlichen nach den Ursachen der Abtrennung von der Landeskirche gefragt. Warum gehen viele zu den Methodisten, zur Heilsarmee, zu den Baptisten, zu den Chrischonaleuten und finden sich so viele ein, wenn ein auswärtiger Evangelisationsprediger kommt, während sie der offiziellen Kirche und ihrem Gottesdienst· gegenüber kühl oder sogar entschieden ablehnend sich verhalten? — Man zählte Ursachen auf, die teils für die Separatisten, teils gegen sie sprechen. — Ernste Gründe haben Diejenigen, welche von außer= kirchlicher Seite her geistlich angefaßt und gefördert worden sind, welche von dorther Seelsorge und Hülfe empfangen haben und meinen, die Treue gegen die empfangenen Eindrücke bringe es mit sich, daß die vorübergehende Verbindung zu einer bleibenden werde. Sie sehen in den außerkirchlichen geistlichen Einflüssen einen göttlichen Ruf, dem es gelte, zu folgen, — einen Ruf, an dem die Gewissensfreudigkeit und Seligkeit hange. Sie wollen sich nicht mit Fleisch und Blut beraten, sondern los von menschlichen hemmenden Rücksichten Gott dienen, wie sie meinen, daß es sein Wille sei. — Viele sehen in der Staats= kirche mehr nur den Staat und deshalb Unfreiheit, Zwang, Mechanismus. Die Elemente, welche unzufrieden sind mit dem modernen Staate und Kulturleben, mit der Richtung der herr= schenden Gesellschaft, der Bourgeoisie, vermögen oft in der Landeskirche nichts anderes als eine Verbündete der Gesellschafts= ordnung zu erblicken, die die Armen unterdrücke und ausbeute und verdiene, gestürzt zu werden. Der Konservatismus der Kirche scheint diesen Unzufriedenen einer schlimmen Sache zu gelten, und darum haben sie mehr Sympathie für freie religiöse Gemeinschaften, die nicht von staatlichen Organen mitregiert werden, für Gemeinschaften, wo die Mühseligen und Beladenen zusammenkommen, wo keine gekauften Sitzplätze und ähnliche Vorrechte dem armen Manne entgegenstehen. — Weiter ist es das Bedürfnis nach Gemeinschaft, welches in der großen Kirche zu wenig Nahrung findet. Meist reduziert sich alles kirchliche Leben auf den Gang zum Gottesdienst am Sonntag Vormittag; von weiteren Zusammenkünften zur Erbauung per= sönlicher Gemeinschaft, wo die verschiedenen Glieder sich näher treten und mannigfaltige Gaben zum Wachstum des Ganzen be= thätigen könnten, ist keine Rede. Auch die Seelsorge liegt da=

nieder und beschränkt sich oft auf Besuche weniger körperlich Kranker. „Wie Schafe ohne Hirten, ermattet und zerstreut,“ so fand der Herr sein Israel und so findet er es wieder. — Auch fehlt es leider nicht an vielen und großen Ärgernissen in der Kirche, an Häuptern und Gliedern, an „Wunden und Striemen und frischen Schlägen, die nicht geheftet noch verbunden, noch mit Öl gelindert sind“ (Jes. 1). Am meisten aber hat vielleicht zur Zerstreuung der Herde Christi beigetragen der Jammer der Zerrissenheit unter ihren geistlichen Führern, der Unglaube und der Zweifel der Theologen, wie andererseits die Heuchelei mancher Orthodoxen. Das alles ist durch Rede und Schrift bis in die untersten Schichten des Volkes durchgesickert und hat hier eine grauenhafte Verwüstung, Gleichgültigkeit und Verachtung der Religion hervorgerufen, aus der nun viele Ernstere in kleinere Kreise flüchten, um sich und ihren Kindern den Glauben zu retten.

Aber die Beweggründe zur Separation sind nicht immer ernster und lauterer Natur. Manche sind weggegangen rein nur aus Opposition gegen Zucht, Ordnung und Gesetz, dem sie sich hätten unterwerfen sollen. Manche sind zu empfänglich für das süße schmeichelnde Entgegenkommen, für die Anerkennung, die sie in kleinen Kreisen finden, wo sie eher eine Rolle spielen können in geistlicher Eitelkeit als in der großen Gemeinde, der sie von Gottes und Rechtes wegen angehören und wo man ihnen daher nicht dankt, wenn sie kommen oder bleiben, da sich dies von selbst versteht. Die wahre Kirche ist nicht eine Sache, die man selbst wählt, so wenig als ein Kind seine Mutter wählen kann; da gilt vielmehr das Wort des Herrn: „Ihr habt mich nicht erwählt, ich habe euch erwählt.“ Wie man durch Geburt ohne eigene Wahl ein Glied seiner Familie wird, so wird man durch das Bad der Wiedergeburt nach Gottes Barmherzigkeit kraft göttlicher Wahl ein Glied der Gottesfamilie im Glauben, den Gott wirket und den zu haben und zu behalten es Kinder=

ſinn bedarf, ohne den man nicht eingeht in Gottes Reich. Dem
menſchlichen Eigenſinn und der Eigengerechtigkeit ſagt das Selber=
Laufen und eigene Wählen mehr zu, — und ſo wählt man denn,
obſchon vom Herrn aus Gnaden längſt angenommen und hinzu=
gethan zu der Gemeinde, ſelber ſeine Kirche oder Gemeinde. Es
kann auch ein ſchüchternes, weltflüchtiges Weſen ſein, was in
kleine Kreiſe und zur Löſung von der großen Gemeinde treiben
kann. Von der Zeit der alten Eremiten an war es ſtets eine
nahe liegende Verſuchung, aus der Welt, die man nicht zu
überwinden vermochte, ſich zurückzuziehen. Aber die Flucht iſt
nicht die Überwindung der Welt, wozu die Chriſten berufen
ſind, welche mitten unter einem unſchlachten und verkehrten Ge=
ſchlechte ihr Licht ſollen leuchten laſſen, haltend am Worte des
Lebens und dieſes ihrer armen Zeit darreichend durch Wort
und Werk, Thun und Leiden. Darum ſagte einmal Blumhardt,
der Vater, der Chriſt müſſe ſich zweimal bekehren, einmal von
der Welt zu Gott, dann, wenn er ſtärker geworden, mit Gott
zur Welt. Dieſe zweite Bekehrung fällt vielen oft ſchwerer als
die erſte, weil man dabei nicht an chriſtlichen Formen und Ge=
bärden hangen, nicht die Sprache Kanaans reden kann, und weil
in der äußeren Anbequemung an weltliche Formen und Per=
ſönlichkeiten leicht auch das Herz verweltlichen kann, während
es anderſeits durch die tägliche Not, welche die Welt ihm macht,
auch tiefer in Gott eingeführt wird und immer neue Stärke
und neues Licht aus ihm holt. — Tiefe Gründung in Gott
und das verborgene Leben mit Chriſto in Gott ſchützen vor dem
Anprall menſchlicher Frömmigkeit oder Frömmelei. Die Ge=
rechtigkeit des Glaubens iſt es, bei der alle eigene Gerechtigkeit
und alles Anſehen bloß menſchlicher gemachter unechter Fröm=
migkeit in ein Nichts zuſammenbricht; da hat man es in Jeſu
Schule gelernt: „Niemand iſt gut als Gott“ und ſucht es bei
keiner Kreatur, auch nicht bei einer frommen. Wo aber dieſe
Gerechtigkeit des Glaubens fehlt, da imponiert einem der fromme

Schein, da bedarf man, um sich fromm und gut zu fühlen immer neuer religiöser Anregungen und Versicherungen und wird so eine Beute der Vereine und Kirchen, die einem das Heil so zu sagen garantieren. Die Folge ist dann auch eine Gerechtigkeit, die auf vielen selbsterwählten Werken beruht und die den Ge= horsam gegen Gott in seinen natürlichen und übernatürlichen Ordnungen und gegebenen Lebenskreisen hintansetzt. Es ist mit einem Wort der subjektive Zug unserer Zeit, der hauptsächlich zu der großen Zerstreuung und Spaltung in der Kirche der Gegenwart geführt hat. — Dieser subjektive Zug besteht darin, daß jeder nur an sein persönliches Heil, nicht an den Leib Christi, die Gemeinde, denkt, dessen Glied er ist, und an dessen Wachstum das der Glieder hängt. Jeder will eine ganze Welt sein und folgt seinem eigenen Geiste, unfähig zum Gehorsam im Glauben, zur Selbstverleugnung, zur Unterordnung unter die, die für uns an Gottes Statt stehen in Kirche, Staat und Fa= milie, — und so fährt, im Mißverstand und im Mißbrauch der Freiheit, alles auseinander, wahrlich nicht nur zum Schaden des Ganzen, sondern eines jeden, der sich separiert, weil fürs Glied gesundes Leben nur in der selbstvergessenden Hingabe an die von Gott gegebenen Verbindungen möglich ist.

Eine ähnliche Bedeutung wie das Wort „Separatist" hat das Wort „Pharisäer"; denn auch dieses bedeutet einen „Abgesonderten, Frommen", der sich durch seine Heiligkeit aus= zeichnet und im eigenen und anderer Bewußtsein von gewöhn= lichen Leuten seines Glaubens sich unterscheidet. Wenn nun Jesus dieses sich dünkende Unterscheiden, das „Sich=selbst=für= fromm=halten" und „andere verachten" den Pharisäern zum Vorwurf macht im Gleichnis vom Pharisäer und Zöllner, so fürchte man sich doch sehr davor, durch Besserseinwollen als andere, durch geistlichhohes Herabsehen auf andere sich zur Separation verleiten zu lassen. — Vergessen wir nicht, daß unsere richtige Stellung im Hause Gottes die des Zöllners ist, der von ferne stand, und daß, wenn es Fromme giebt, die zu fromm sind, mit den Sündern ihres Dorfes zum Tisch des Herrn zu gehen, doch der Herr es nicht verschmäht, mit Zöllnern und Sündern zusammen zu sitzen und zu essen. In Maleachi 1, 12 und 2, 10 lesen wir: „Ihr gerade entheiliget ihn, indem ihr saget: des Herrn Tisch ist verunreiniget. Haben wir nicht alle einen Vater? Hat uns nicht ein Gott geschaffen? Warum verachten wir denn einer den andern und entheiligen den Bund, mit unsern Vätern gemacht?" — Des Herrn Tisch und Abendmahl wird nicht kraftlos durch unwürdiges Essen und Trinken einiger; der heilige Paulus spricht wohl davon, daß durch solchen unwürdigen Genuß, der schon zu seiner Zeit vorkam, man sich ein Gericht esse, nicht aber, daß die Gläubigen und geistlich Hungrigen sich deshalb von den Segnungen des Herrn im Hause Gottes zurückziehen sollten. Schließt nicht diese Feier des Opfers Christi auf Golgatha gerade das Bekenntnis in sich, daß wir alle unheilig und nur heilig sind in ihm, dessen Blut uns waschen muß, wenn wir an ihm teil haben wollen? —

Wenn man nun fragt: Welches ist das rechte christliche Verhalten gegenüber dieser Zerrissenheit der uneinigen Brüder im Hause Gottes? — so verdient gewiß der fromme, aber zugleich nüchterne Spener, der Vater des Pietismus, gehört zu werden. Er sagt in seinen theologischen Bedenken: „Diese fortgehende Uneinigkeit der Kirche sehe ich u. a. als ein Stück göttlichen Gerichts über unsere Sünde an. Also thut vor allem not, daß jede Kirche ernstlich Buße thut und sich von allem, was göttlichen Zorn verdient, reinigt, und daß die Wahrheit recht in die Herzen dringt. Einstweilen gilt es, statt zu unionieren, die Liebe herzlich zu treiben." — In dieser Liebe sollen wir die von uns getrennten Brüder, die Glieder anderer christlichen Gemeinschaften, Kirchen und Denominationen doch als Brüder anerkennen und nicht um irgend einer Sonderlehre oder Abirrung willen ihnen die Bruderhand versagen. Wir sollen die „eine christliche Kirche," ihre Einheit, glauben, wie es im Glaubens= bekenntnis heißt, aber nicht machen wollen; denn sie besteht schon vor Gott, durch dessen gnädige Berufung ein Band um alle ge= schlungen ist, die an den Namen Christi glauben und nach seinem Gebote getauft sind. Der Herr Jesus Christus bittet Joh. 17: „Heiliger Vater, erhalte sie in deinem Namen alle, die du mir gegeben hast, daß sie eins seien, gleich wie wir. Ich bitte für sie, daß sie alle eins seien wie du Vater in mir und ich in dir, daß auch sie in uns eins seien, auf daß die Welt glaube, du habest mich gesandt." — Und im Sinne seines Herrn und Meisters, der am Kreuze gestorben ist, um die zerstreuten Kinder Gottes in der Welt alle in eins zu bringen, schrieb seiner Zeit der heilige Cyprian (Bischof von Karthago, gestorben 250 nach Chr. als Märtyrer): „Es soll in aller Welt eine Herde und ein Hirt sein, und da glaubt jemand, es könnten an einem Orte viele Hirten oder mehrere Herden sein! Niemand glaube, daß die Guten aus der Herde austreten könnten." — Freilich muß zugegeben werden, daß die Kirchen, aus welchen die Separatisten heutzutage auszutreten pflegen, nicht mehr in dem gleichen geist= lichen Zustande sind wie zur Zeit Cyprians und daß alle diese Kirchen, welche jetzt so viele Separationen zu beklagen haben, alle selbst mehr oder weniger separate, getrennte Teile der einen allgemeinen christlichen Kirche sind. —

So lasset uns denn alle in Demut lernen, was angesichts der vorliegenden Spaltung der Christen, welche die Ungläubigen ermutigt im Unglauben zu verharren, Gottes Wort allen zu sagen hat, sowohl den Separatisten als denjenigen, die ihre Ankläger oder gar Verfolger sind.

Zuerst ein Wort an die verschiedenen Separatisten unter den Lesern. Aus Erfahrung weiß ich, wie sehr dieselben ver= schieden sind, und was die einen trifft, trifft nicht in gleicher Weise andere.

Liebe Brüder! Seid doch gläubig und glaubet nicht erst Gottes Werk, wenn ihr es sehen könnt. Wie viel thut Gott im verborgenen, wo dann das Wort gilt: „Was ich jetzt thue, das weißt du noch nicht, du wirst es hernach erfahren." — Hernach, wenn die Frucht erscheint, sieht man, daß im Bäumchen Leben und daß es gepflanzt ist; aber es ist längst zuvor gepflanzt oder das Reis dem Baume eingepfropft worden. Dies gilt auch von der Einpflanzung in Christum. „Alle, die ihr auf Christum getauft seid, ihr habet Christum angezogen" Gal. 3, 27.

Seid nicht blind gegen das, was Gott thut außerhalb eurer Gemeinschaft! O es ist nicht zu leugnen, daß der Herr überall sein Volk hat, daß der Herr, wo er Glauben fand an sein Wort, diesem Glauben auch Zeugnis gegeben hat. Oft höre ich Separierte an den Gräbern beim Begräbnis ihrer Entschlafenen singen; aber die Lieder, die sie singen wie „Daheim ist's gut," haben solche zu Verfassern, die nicht in ihrer Gemeinschaft, sondern in dem so gehaßten „Babel" gestanden sind. — Wohl bietet die große allgemeine Kirche das Bild eines Babel, einer Stadt der Verwirrung. Aber mußte nicht der Prophet Jeremia den in Babylon gefangenen Israeliten, welche durch unberufene Propheten zur Selbsthilfe verleitet wurden — mußte er ihnen nicht schreiben: „So spricht der Herr Zebaoth, der Gott Israels zu allen Gefangenen, die ich habe lassen wegführen gen Babel: bauet Häuser und bleibet darinnen und suchet der Stadt Bestes, dahin ich euch habe lassen wegführen, und betet für sie zum Herrn; denn wenn es ihr wohl geht, so gehet's euch auch wohl. Gehorchet nicht euern Propheten und Wahrsagern; ich habe sie nicht gesandt. Und es kommt die Zeit, wo ich selbst euer Gefängnis wenden und euch sammeln werde aus allen Völkern, wohin ich euch verstoßen habe" Jerem. 29.

Richtet nicht eine eigene Gerechtigkeit und Frömmigkeit auf! — Was nicht aus Glauben kommt, ist

Sünde. Was gethan oder geredet oder unterlassen wird, nur damit der fromme Schein gerettet sei, das hat vor Gott keinen Wert, mag es Menschen noch so sehr bestechen. Jesus sagte zu seinen Jüngern, den Fischern und Zöllnern: „Wenn eure Gerechtigkeit nicht besser ist als die der Pharisäer und Schriftgelehrten, so werdet ihr nicht ins Himmelreich kommen," — und in Matth. 15 und 23 ꝛc. kannst du es lesen, wie scharf der Herr es verurteilt hat, wenn man aus der Frömmigkeit ein eigenes Werk macht und sich auf lange Gebete, auf fromme Gebräuche, aufs „Herr Herrsagen", auf die schweren Bürden und Opfer, auf äußerliche Frömmigkeit verläßt und Barmherzigkeit und Treue dahinten läßt. Es giebt Beispiele genug, wo arme Eltern und Geschwister vernachlässigt, dagegen große Opfer an die Sache der Gemeinschaft gewendet werden, der man sich in abergläubiger Furcht ergeben hat (Vgl. Matth. 15, 4—6).

Hütet euch vor geistlicher Treiberei! In Mark. 4 lehrt uns Christus, es gehe im Reiche Gottes, wie wenn ein Mensch Samen aufs Land wirft, und „er schläft und stehet auf, Nacht und Tag, und der Same gehet auf und wächst, ohne daß er es weiß. — Die Treiber aber sind ungeduldig und wollen den Keim gleichsam aus der Erde ziehen. Auch in Gottes Reich will alles seine Zeit haben, und diese mußt du erharren, in gläubigem Vertrauen, daß der Herr nach seiner Treue sein Werk in dir nicht vergessen werde. Nimm nur die Wahrheit Gottes auf in ein gläubiges Herz und sei ihr gehorsam, so wird die Gnade dich immer mehr durchleuchten. Keine geistlichen frommen Treiber, so viel ihrer auch kommen mögen, können dir den Glauben ersetzen und den Gehorsam gegen Gottes Stimme in dir und im Wort; du mußt selbst glauben, folgen und dich ergeben in Geduld.

Greife nicht in ein fremdes Amt und Gebiet! Davor warnt uns der heilige Petrus in 1. Petri 4, 15. — Was für ein selbsterwähltes Wirken auf fremdem Gebiet, auf

7*

das einen Gott nicht berufen hat, ist heute an der Tagesordnung. Und wie werden die Gemeinden dadurch verwirrt, alle Zucht und gesegnete Ordnung aufgelöst. O diejenigen haben eine schwere Verantwortung auf sich, welche durch ihr Richten und Verdächtigen kirchlicher Organe noch den Rest von Gehorsam und Zucht in vielen auflösen, die sie doch nicht auf eine bessere Stufe zu bringen vermögen, vielmehr respektlos und geistlich heimatlos machen! Richte nicht, sagt der Herr. „Wer seinen Bruder richtet, der ist damit noch nicht ein Thäter des Gesetzes, — so sehr er mit dem Richten seinen Eifer zeigen will — sondern ein Richter, der in Gottes Vorrecht übergreift und schließlich zur Strafe in einen Zustand sinkt, wo man mit Recht zu ihm sagen kann: „Und du wolltest deinen Nächsten richten? Du.“ (Jakobus 4, 11. 12.) — O richte nicht!

Gemeinschaft, christliche Gemeinschaft schenkt uns Gott auch ohne Trennung von der Kirche, in der uns Gott angenommen und zu seiner Erkenntnis und seinem Reich berufen hat. Wer suchet, der findet. „Längst vermißte Brüder sind ich nun in seinen Jüngern wieder.“ Und auch in persön=liche Gebetsgemeinschaft werden wir zu stehen kommen, wenn wir überhaupt Beter sind. — Niemals aber darf die Gemein=schaft mit Brüdern eine solche werden, die mehr auf Verwandt=schaft der Ansichten, der Neigungen und des Charakters gegründet ist als auf den Glauben an Gottes Wahl und Berufung. „Wenn ihr nur eure Freunde liebet, was thut ihr besonders? Thun nicht die Zöllner auch also?“ sagt der Herr. Darum gilt es, nicht bloß mit ganz Gleichgesinnten und Gleichgestimmten sich zusammenzuthun, wodurch man nur in seiner Eigenheit bestärkt wird, statt zur männlichen Reife in Christo geführt zu werden; sondern es gilt, alle zu lieben, die Gott ange=nommen hat.

So verlasset denn, liebe Brüder, die Kirche nicht, eure kranke Mutter. Ihr habt teil an ihrer Krankheit und seid Mit=

schuldige. Aber ihr werdet auch an ihrer Herstellung teil
haben, so ihr, treu dem Bunde Gottes mit euch und euern
Vätern, im Hause Gottes in der zerfallenen Hütte Davids
bleibet, bis sie der Herr nach seiner Verheißung „wieder auf=
richtet, ihre Lücken vermauert und sie wieder baut, wie sie vor
Zeiten gewesen ist." (Amos 9, 11.)

Doch es bleibt uns übrig, auch denen noch ein Wort zu
sagen, die es so eilig haben, von Sekten zu sprechen und über
alle den Stab zu brechen, die noch anderswo als in den Räumen
der Landeskirche ihre Erbauung, ihren Trost und Stärkung des
Glaubens suchen.

Hat nicht der selige Spener recht, wenn er in dieser Un=
einigkeit und Spaltung ein göttliches Gericht und Verhängnis
sah, das durch die Sünden der Kirche verschuldet sei, — ähnlich
wie beim babylonischen Turmbau der himmelstürmende Hochmut
mit Sprachenverwirrung und Teilung bestraft wurde? — Gött=
liche Gerichte können aber nicht durch die Menschen, sie können
nur von Gott selbst aufgehoben werden. Darum müssen wir
die Thatsache dieser kirchlichen, ins Endlose weiter fressenden
Spaltung und Auflösung in Demut hinnehmen, in der Er=
kenntnis, daß wir ihr gegenüber machtlos sind. Wir können
nichts Besseres thun als bußfertig von den Sünden uns zu
reinigen, wodurch das Salz dumm geworden und in Gefahr
geraten ist, von den Leuten zertreten und verachtet zu werden.
— Ist es nicht wahr, daß eine große Lauheit in der Christen=
heit unserer Tage herrscht, daß die Masse der Getauften meist
Namenchristen sind, weder kalt noch warm, und daher in Gefahr
ausgespieen zu werden aus des Herrn Mund, abgeschnitten zu
werden vom Weinstock, Christus, an dem sie keine Frucht ge=
bracht, wiewohl sie in ihn eingepflanzt worden? — Wie wenige
sind derjenigen, die sich aufmachen, das Gold der Wahrheit, eine
im Feuer der Erfahrung und der Trübsal geläuterte und darin
bestehende Christus= und Gotteserkenntnis, weiße Kleider in

Bekenntnis und Vergebung der Sünden und Augensalbe zu suchen, jene Salbung von dem, der heilig ist, vermöge welcher wir von Gott gelehrt die Wahrheit erkennen und fest werden in der Gnade? — Ist es nicht selber ein Sektengeist, wenn man in unserer Landeskirche, die nur ein ungeheuer kleiner Teil der Kirche Christi ist und ihre großen Gebrechen hat, sich stellt, als ob sie das Ganze, als ob sie „die alleinseligmachende Kirche" wäre? — Nach 1. Korinth. 12, 13 gehören zur Kirche Christi alle in aller Welt, ohne Unterschied der Landesgrenze oder der sogenannten Konfession, alle, die „durch einen Geist zu einem Leibe getauft sind." — Wenn die Kirchlichen den Separatisten Heuchelei vorwerfen, als ob alles nur frommer Schein wäre, — sollte man nicht vielmehr mit sich selbst ins Gericht gehen und ringen, daß wir in ein wahrhaftiges Wesen hineinkommen, bei dem keine Rede sein kann von schönen, frommen Phrasen ohne Kraft, von Gebet ohne Ernst und Glauben an den lebendigen Gott, von äußerem Dekorum oder anständigem christlichem Wesen ohne innere Gottesfurcht, von eiferndem rechtmäßigem Bekenntnis ohne entsprechenden Wandel in Reinheit, Liebe, Dienen und Dulden? Rom widersteht schon durch seine großartige Organi= sation und äußere Einheit den Mächten des Umsturzes wenigstens jetzt noch mit Erfolg; wir Evangelische bestehen nur durch den Glauben. Wie nun, wenn dieser erschüttert ist? — Wenn Zweifel am persönlichen Gott, an der Ewigkeit, der Gottheit und der Wiederkunft seines Sohnes, an der Unsterblichkeit und dem ewigen Leben in den Herzen der Lehrer und der Glieder der Kirche Platz gewinnt? Wie, wenn nicht mehr das Evan= gelium gepredigt wird, das allein eine Kraft Gottes ist, gerecht und selig zu machen den Glaubenden, sondern Menschenwitz, Klügelei und Schönrednerei an dessen Stelle treten auf den Kanzeln! Man sucht in unsern Tagen den Glauben ans Evan= gelium zu ersetzen mit allerlei Künsten, wobei bald alle Tugenden fabrikmäßig und in Vereinen betrieben werden; aber es wird schließlich nicht gelingen; denn Mäßigkeit, Friede, Liebe u. s. w. sind Früchte des Geistes und Glaubens und fallen ohne die Wurzel schließlich wieder ab als faule Frucht. — Auch dienen diese Vereine mehr zur Auflösung der Kirche und wird die Teilnahme an ihren Bestrebungen ein Propagandamittel des Separatismus. — Christum treiben, — das ist's! — Das wollen wir mit Gottes Gnade! Wir wollen an ihn glauben und ihn lehren, so wie die Schrift von ihm redet; so werden von uns Ströme des lebendigen Wassers fließen. — Und wir wollen zu dem, der seines Leibes, der Kirche Heiland ist (Eph 5) flehen, daß er mit Erbarmen herabschaue auf sein verwüstetes Erbteil, auf sein zerstreutes Volk und daß er selbst kommen möge, der nach allem Kampf endlich den Frieden bringt. — Wir wollen auf Gottes Reich warten; dieses Warten hat eine Verheißung.

VI.

Gemach, ihr Jungen!

Es giebt in unseren Tagen viele, die bald nach einem größeren Wirkungskreis verlangen, in die Schranken des ihrigen sich nur schwer schicken können und in jugendlichem Thatendrang sich zu großen Dingen berufen fühlen. Sie machen wohl auch an älteren Mitarbeitern die Treiber und möchten, kaum irgend= wohin gesetzt, alles möglichst schnell umgestalten. — Hierin mag sie eine gute christliche Absicht leiten, sowie ein natürlicher Lebens= und Schaffenstrieb. Es ist ja nichts köstlicher, als das Leben ganz mit Thaten ausgefüllt zu sehen und nichts ist herrlicher und befriedigender als geistiges Schaffen, zumal im Reiche Gottes. Das feurige Blut kann nicht ruhig sein, sondern sucht einen der Kraft entsprechenden Wirkungskreis.

Dem gegenüber fällt nun sehr auf, wie auf dem Boden des Reiches Gottes diesem natürlichen Thatendrang Einhalt gethan und wie die Werkzeuge des Herrn, die in der Bibel vorkommen, meistens erst dann gebraucht werden, wenn das Feuer des Fleisches und Blutes verraucht und die natürliche Kraft ge= brochen ist.

Jakobs Hüfte ward erst gebrochen und er zum hinkenden Manne, ehe seine Seele genas. Abraham und Sara empfingen erstorbenen Leibes den Samen der Verheißung. Moses konnte in jüngeren Jahren Israel nicht befreien, und es half wenig, daß er in seiner Kraft den Ägypter erschlug. Vorerst ging's in die Stille, in ein Warten von vollen vierzig Jahren. Als er bereits achtzig und zum Greise geworden und die Hoffnung eigener Mitwirkung bei seines Volks Errettung aufgegeben hatte, da berief ihn der Herr am Sinai. Jetzt geht's, weil der Herr ihn sendet, dem es gleich ist, durch viel oder wenig zu helfen. Und wie viel sind der Invaliden, Schwachen und Geringen in der heiligen Schrift, deren der Herr sich bedient, damit der Ruhm sein sei und Israel nicht sage: Meine Hand hat mich erlöset! Paulus muß nicht nur über seiner Seele Elend, sondern auch über den Pfahl im Fleische seufzen, und seine Schwachheit ist's, in welcher Christi Kraft sich offenbarte.

Es ist eben nicht Fleisch und Blut, was Gottes Reich er= erben kann, und ebensowenig kann dem Herrn mit unserem sündlichen Fleisch und Blut, mit eigenem Vermögen und Denken, sondern nur mit dem Vermögen recht gedient werden, welches Gott fort und fort darreicht zu dem, was er befiehlt. So wird er verherrlicht, der allein gut und heilig ist; das, was außer ihm, oder ohne ihn, in eigenem Laufen und Rennen, sein Geheiß nicht abwartend, laufen und wirken will, wird zu schanden und richtet nichts Bleibendes aus, wie stark es auch sei. Darum müssen wir umkehren und werden wie Kinder, deren Freude es ist, in der Gesellschaft und unter den Augen ihrer Eltern und in Abhängigkeit von ihnen zu sein, — wie Kinder, die nichts wissen von überströmendem Kraftgefühl, — wie kleine Kinder, die der Herr aufnehmen und in seinen Armen tragen kann, — wie hülflose, demütige Kinder, die sich nicht selbst in Gottes Reich erheben können, sondern durch die Hand eines andern dahin erhoben werden müssen. Die Größten, Weisesten, Ge= lehrtesten müssen alle zuerst diesen kindlichen Geist annehmen und darin bewahrt und geprüft werden, ehe sie geschickt sind, Gottes Herrlichkeit und Ehre zu offenbaren als seine Werkzeuge. Diesen Sinn hat das Wort Christi zu Petrus, dessen Schwert er nicht brauchen kann: „Als du, geistlich, jünger warest, wan= deltest du, wo du hin wolltest; wenn du aber älter, und zum

Kinde wirst, wird ein anderer dich führen!" Wir werden alle zugeben, daß dieses Geführtwerden von dem „andern" das ungleich bessere Stadium ist. Darum müssen wir vor allem dieses Warten auf den Herrn lernen, im Kleinen und Anbefohlenen Treue, Gehorsam und Selbstverleugnung üben und alles Selbstvertrauen in den Tod geben, ehe uns Größeres anvertraut wird. Der Geduldige ist besser als der Städtebezwinger, — das gilt wie im natürlichen Leben, so auch im Reiche Gottes und in seiner Arbeit. Wir sind hier alle ganz unnötige Knechte, die nichts ausrichten, wenn nicht der Herr uns gebraucht, sendet und segnet, wenn wir in selbsterwähltem Gottesdienst und Wirken uns gefallen und ergehen.

Demgemäß sind in der Urkirche gewöhnlich nicht die jüngsten, sondern ältere und bewährte ins geistliche Amt gesetzt worden, so daß die Geistlichen und Seelsorger einfach auch „Älteste" hießen. Dabei gab es freilich auch Ausnahmen; Timotheus stand noch in jüngeren Jahren, da Paulus ihm schreibt: Niemand verachte deine Jugend. Es giebt ja solche, die in jungen Jahren die Gnade der Geduld, der Weisheit, der Ergebung und des Aufmerkens auf Gottes Willen erlangen; nicht das Alter allein, sondern Gottes Gnade giebt und schenkt den Sinn, der bei allem geistlichen Wirken vorausgesetzt wird. Aber im allgemeinen gilt doch, was St. Petrus gebietet (1. Petri 5): „Ihr Jüngeren seid unterthan den Ältesten." In vielen Konferenzen und ihren Betrachtungen und in kirchlichen Beratungen ist es daher, wo es wohl zugeht, Sitte, nicht daß Jüngere mit den Älteren disputieren und über sie und ihre Belehrungen zu Gericht sitzen (vgl. 1. Kor. 11, 16)[1] sondern daß das letzte abschließende Wort den Älteren gegeben wird.

Wie schädlich für die Betreffenden, ja für die ganze Kirche

---

[1] „So aber jemand Lust zu streiten hat, der wisse, daß wir solche Gewohnheit nicht haben, die Gemeinden Gottes auch nicht."

ist der moderne Kultus der Jugend! Je jünger, desto besser, desto beliebter, desto mehr zieht man! Es ist dies ein Symptom, daß im geistlichen Hause Gottes Fleisch und Blut, das ver= leugnet werden sollte, eine ungebührliche Geltung und Stellung erlangt hat. Infolge dessen ist in der Kirche, im geistlichen Leben unserer Zeit ein gewisser Idealismus aufgekommen, der sich an die Stelle der göttlichen Geheimnisse und Realitäten gesetzt hat und die Menschen über ihren wahren Zustand betrügt, ähnlich wie es den Juden mit ihrem Gesetze ergangen ist. Dieser Idealismus hat etwas Gefangennehmendes. Je weniger ein Idealist die Sache besitzt, für die er schwärmt, desto schöner kann er mit sehnsüchtiger Phantasie davon reden, freilich ohne sie zu geben. Dies macht augenblicklichen Eindruck auf weibische Gemüter, die immerdar lernen, von der Wahrheit etwas wollen tönen hören, ohne ihre Kraft zu kennen. Sie bleiben am Schein, an der Unterhaltung und an der Person hängen, besonders wenn diese jung ist, — und die letztere träumt dann von großem Erfolg und von überschüssiger Gerechtigkeit, weil man ja über die Pflichten des Amtes hinausgegangen ist. —

Es war nicht gut, daß Rehabeam den Rat der Alten ver= ließ und dem Rat der Jungen folgte. Keine Jugendkraft, kein angelerntes Bücherwissen, kein gewandtes Reden kann die Er= fahrung und die Weisheit des Alters ersetzen. Nicht die Ju= gend, sondern der Erfahrene kennt die Schwierigkeit, ja Ver= geblichkeit manches gut gemeinten menschlichen Bemühens und weiß, auf was für Umwegen Gott der Herr sein Israel zum Ziel führt. Und nicht nur die Erfahrung der göttlichen Wege, auch die gründliche Erfahrung des eigenen Nichts, daß niemand gut ist als Gott, — ist die Voraussetzung wahrer geistlicher Thätigkeit. Bei dieser Erfahrung wird man es nicht wagen, ohne den Herrn oder ihm voranzulaufen. Damit stimmt das Wort des Propheten (Jesaja 57): „So spricht der Hohe, der Erhabene: Ich wohne in der Höhe und bei denen, die zerschla=

genen und demütigen Geistes sind" — und der Psalmist (Pf. 147): „Der Herr hat nicht Gefallen an der Stärke des Roffes, noch des Mannes; er hat Gefallen an denen, die ihn fürchten und auf seine Güte hoffen." — Weil denn des Herrn liebstes Werkzeug Scherben sind, so sollen die, die sich selbst als solche vorkommen, nicht verzagen. Verzagtheit in Alter und Schwach= heit ist ebenso eine Sünde als Übermut und Zuweitgreifen in den Jahren der Kraft; dieser Übermut wie jene Verzagtheit zeigen, daß man in seinem Wirken zu sehr auf eigene Kraft, mehr auf Natur als auf Gnade abgestellt hat.

Das Vielerlei und über die gesetzten Schranken hinaus Wirkenwollen hängt auch damit zusammen, daß man zu wenig erkannt hat, wie Gott ein Gott der Ordnung ist und wie wir Glieder sind am Leibe Christi, in welchem jedem seine bestimmte Stelle, seine bestimmte Gabe und Aufgabe zukommt. Wenn ich thue, was einem andern befohlen ist, so darf ich nicht erwarten, daß der Segen Gottes mich begleite; denn ich begehe die Sünde, vor welcher der Apostel warnt mit den Worten: „Niemand leide als ein Übelthäter oder als einer, der in ein fremdes Amt greift" (1. Petri 4, 15). Viele Leiden, Zurückweisungen und Demütigungen, zumal in unserer Zeit, hangen mit diesem Zu= weitgreifen, mit diesem Wirken ohne Beruf im allgemeinen oder ohne spezielle Beauftragung zusammen, und sind kein Martyrium. In der demütigen Beschränkung auf das uns Befohlene, auf unser Mandat, und in gläubig aufschauendem Stehenbleiben in der von Gott uns angewiesenen Stellung liegen die Quellen unserer Kraft, weil da Gott mit uns ist, — wie umgekehrt in der modernen Konfusion des Wirkens, wo jeder alles will, die Quelle der Schwäche und der Auflösung. Nie werden die Wirkungen Gottes durch menschlich forciertes Wesen ersetzt, auch nicht durch Polypragmosyne (Vielgeschäftigkeit).

Gemach, ihr Jungen! Werdet erst recht, was ihr zu sein meinet! Oder besser: Lernet das menschliche Nichts, unsere

gänzliche Nullität erst recht kennen (2. Kor. 12, 11). Habet
mehr Respekt! Lernet nicht nur reden und Vorträge halten,
lernt schweigen und hören! Stopfet nicht durch anmaßendes
Auftreten dem Alter den Mund, der euch Weisheit lehren
könnte! Vergesset nicht, daß es Väter giebt in Christo und
Söhne und daß, um am großen Tage des Herrn zu bestehn und
um dem zukünftigen Zorn zu entgehen, es gilt, daß das Herz
der Väter sich bekehre zu den Kindern und das Herz der Kinder
zu den Vätern (Maleachi 4, 6), mit andern Worten: daß die
schwachen Ältesten Mut haben, Väter zu sein, und die starken
Jungen Demut, Kinder zu sein, auf daß alles in Christo dem
Haupte zusammengefaßt und vollendet werde, bereitet für das
ewige Reich.

VII.

Gründe unserer Hoffnung, mit Rücksicht auf die Unsterblichkeitsfrage.

Wenn je ein Geschlecht der Hoffnung bedurfte, so ist es das Geschlecht unserer Tage. Und wenn je ein Geschlecht nur mit Mühe sich zur Hoffnung erheben konnte, so ist es wiederum das Geschlecht unserer Zeit. Unruhig treibt sein Schiff dahin, allen möglichen ſgeistigen Winden und Schicksalsstürmen preisgegeben, und die am Steuerruder stehen, wissen nicht Rat. Wo will's noch enden? Wohl dem, der sich die Hoffnung als sichren Anker der Seele bewahrt hat, um damit den Grund zu finden, der ihn halten kann! Wenn wir von dieser Hoffnung aufs neue Rechenschaft zu geben suchen, so geschieht es, um den eignen und der Brüder Glauben zu stärken in wirrer Zeit. —

Unter der „Hoffnung" verstehen wir nicht die Hoffnung, die sich an sich selber hält, gleich dem Anker, der keinen Grund findet, nicht den persönlichen getrosten Mut, der schließlich doch zur Resignation werden muß, wenn er nicht auf einen Grund der Hoffnung sich stützen kann, — sondern wir verstehen darunter das Leben für eine Zukunft, in der unser bestes Streben sein Ziel und seinen Lohn findet. Wir meinen die christliche Hoffnung auf ein ewiges Erbe im Himmel, auf ein Leben und Dasein, welches die Unsterblichkeit der Seele voraussetzt. Wir nennen diese Hoffnung die „christliche" Hoffnung, weil sie in eminenter Weise von Christus und seinen Aposteln vertreten wurde, die sie mit Bewußtsein den Bestreitern eines Jenseits entgegengestellt haben. Den Sadducäern gegenüber stand ein Paulus auf dem Standpunkt der Pharisäer. „Um der Hoffnung und Auferstehung der Toten willen stehe ich vor Gericht" Apg. 23, 6. Der modernen Bestreiter alles Jenseits sind Legion. Sogar auf den Berliner Kirchhof durfte sich die Grabschrift einschleichen: Schafft hier das Leben gut und schön, kein Jenseits giebt's, kein Wiedersehn. Schleiermacher lehrte: Mitten in der Endlichkeit eins werden mit dem Unendlichen und ewig sein in jedem Augenblick, das ist die Unsterblichkeit der Religion. — Auf wie manchem Lehrstuhl ist schon der Fluch des großen Königs er= schollen, womit er seine Soldaten in die Schlacht trieb: Ihr Hunde, wollt ihr ewig leben? Derer mögen viele sein, die mit Hörler sagen: Ich habe kein Verlangen nach Fortdauer meiner Persönlichkeit. Der philosophische Prophet unserer Zeit, Hart= mann, sagt und lehrt mit dürren Worten: Die Individualität des Leibes wie des Bewußtseins ist nur ein Schein, und nach der neuesten Philosophie kann auch keine individuelle Fortdauer sein; er muß freilich beifügen: „Abgesehen von Kants Inkon= sequenz und Schellings Abfall." Die Aufgabe nun, die wir uns gesetzt haben, ist zunächst die, zu zeigen, daß der Versuch, die Unsterblichkeitsfrage vom naturalistischen, monistischen Stand= punkt aus in positiver Weise zu lösen, notwendig scheitern muß; sodann darzulegen, worauf der Christ nach der heiligen Schrift seine Hoffnung gründet.

A.

Auch außerhalb des Offenbarungsglaubens sind zu allen Zeiten Versuche gemacht worden, die Fortdauer der Seele oder den Unsterblichkeitsglauben sich zu sichern, von Sokrates bis herab auf die Gebildeten und Denker unserer Tage. Die Frage nach der individuellen Fortdauer nach dem Tode ist auch zunächst keine spezifisch christliche Frage. Weil aber diese Frage Form und Begriff, so zu sagen das leere Gefäß hergiebt, welches das Christentum mit realem Gehalt, mit dem „ewigen Leben" er= füllen möchte, so giebt sich die suchende Liebe auch dieser Frage hin und erörtert die Möglichkeit und Wahrscheinlichkeit der Seelenfortdauer aus allgemein einleuchtenden Gründen. Da muß ich aber bekennen, daß dieser Weg doch nicht zu einem befriedigenden, ganze Gewißheit schaffenden, alle Zweifel ver= nichtenden Abschluß führen kann. Bei diesem das Christentum umgehenden Beweis schleichen sich meist Prämissen ein, die un= bewußt vom Christentum herstammen und nur für ein gläubiges Gemüt Beweiskraft haben. So macht auch die bei Huber in St. Gallen erschienene Schrift, betitelt: „Die Unsterblichkeitsfrage im Lichte des Materialismus, Versuch einer Lösung in positivem Sinne" dem Gemüt des Verfassers mehr Ehre als seiner Logik, so philosophisch schulgerecht auch die ganze Abhandlung einher= geht. Sie möchte Materialisten und Monisten, welche, wie der Verfasser, den Offenbarungsglauben aufgegeben haben, von der Seelenfortdauer nach dem Tode überzeugen. Sie ist ein neues Beispiel, wie die natürliche Religion im Universum herumtastet nach Unsterblichkeit und sie sich nicht recht sichern kann, während die wahre Religion erst zum Schmecken und zum Verständnis des Wesens der Sterblichkeit führt und dann Er= lösung finden läßt in Gott. — Gut allerdings ist, was in jener Schrift zur Widerlegung der ethischen Einwürfe gegen die Un= sterblichkeit gesagt ist. Man macht unserer Hoffnung bekanntlich den Vorwurf, sie beruhe einerseits auf Lohnsucht andererseits auf Anmaßung und Egoismus. Die mit solchen Ein= würfen die Hoffnung auf eine Ernte im ewigen Leben nieder= schlagen wollen, müßten konsequenterweise in der Erziehung dem Schulkinde zur Läuterung seines Lerneifers sagen: Bitte, lerne um des Lernens willen, nicht etwa um später Frucht davon zu haben; denn du wirst deine Schulzeit, das sechszehnte Jahr nicht überleben. Und was die egoistische Anmaßung betrifft, ewig leben zu wollen, so ist der Kampf ums Dasein auf Kosten anderer, wie die moderne Schule ihn lehrt, unendlich viel mehr Egoismus.

Interessant ist immerhin der Versuch, von modern-natura-
listischen Prämissen aus zu einer Unsterblichkeit der Seele zu
gelangen. Da wird ausgeführt: Der Geist sei nicht hinfällig,
erstens nicht als Gewordenes, zweitens nicht als Produkt des
Gehirns, drittens nicht als Form des Stoffes. — Wohl heißt es: alles, was entsteht, ist wert, daß es zu
Grunde geht. Allein dem Gesetz der Hinfälligkeit stehe das
Gesetz der Wiederherstellung gegenüber. Es herrsche univer-
selle Fortdauer im Unorganischen (der Staub zersetzter Kry-
stalle nehme die gleiche Form wieder an), generelle Fortdauer im Organischen, — warum nicht individuelle Fortdauer im Reich des persönlichen Bewußtseins? — Aber ein
Materialist würde wohl jene dreifache Unterscheidung mit dieser
Schlußfolgerung nicht gelten lassen, sondern behaupten: Alles,
was sich aus der allgemeinen Substanz der Materie zu wirklich
besonderem individuellem Dasein erhebt, d. h. wird, vergeht
auch wieder; das Gesetz der Dauer und Wiederherstellung besteht
nach der Erfahrung nur auf dem Boden erstens der universellen
Substanz der Materie, zweitens der Arten, — nie des speziellen
Individuums. Im allgemeinen erhält sich das Leben und die
Form; aber darum handelt es sich nicht. — Auch die Behauptung finde ich nicht stichhaltig: Jedes Individuum würde
ohne Zerstörung von außen immer bestehen, und das Ich-
bewußtsein habe keine Zerstörungsursache. Letzteres kann nicht
gesagt werden, wenn das Bewußtsein leiblich bedingt ist, —
und in dem Grade, als in der Natur individuelles Leben da
ist, ist dieses selbst ein Zerstörungsprozeß. —

Man sieht in der menschlichen Seele ein Produkt des
Gehirns und will doch ihre Fortdauer nach dem Tode des
Körpers retten! — Man sieht im Geist, im persönlichen Bewußtsein nur ein „Urprodukt des Gehirns" oder „die Einheit
der produzierten Vorstellungen, Empfindungen, Strebungen" und
will diese Einheit fortbestehen lassen, auch nachdem ihre Ursache

aufgehört hat. — Man beruft sich, um dies einleuchtend zu machen, auf Beispiele, wo das Produkt auch ohne das Produzierende fortexistiere. Der Schuß thue seine Wirkung und die Kugel gehe ihren Weg, auch nachdem das primum agens aufgehört habe zu existieren; das Lichtbild bleibe, auch nachdem das Original gewichen; das Wasser existiere fort, auch nachdem Wasserstoff und Sauerstoff, seine ursprünglichen Faktoren, zu bestehen aufgehört. — Allein der Beweis ist schlecht. — Denn wirkliche Produkte sind von gleicher Art wie das Produzierende, was beim Gehirn und Geist nicht der Fall ist; sodann existiert bei gewissen dieser Beispiele das Produzierende doch fort, indem es mit im Produkt enthalten ist; weiter ist bei andern Beispielen das Aufhörende gar nicht das Produzierende gewesen, sondern ein bloßer Anstoß zur Veränderung schon bestehender Existenzen, wie z. B. die Wärme bei der Wasserbildung; endlich wird der Materialist sagen: Mein Geist ist kein Produkt, sondern nur eine Produktion, eine Funktion, und diese hört doch gewiß auf mit dem Produzierenden. Strauß sagte mit Bezug auf diese Frage: Ohne Umkreis giebt es kein Centrum mehr; cessante causa cessat effectus.

Auch dem Satze bin ich begegnet: „Das Organische sei aus dem Unorganischen entstanden und daure nun organisch fort; so sei der Geist aus dem Organischen entstanden und könne nun analog geistig fortdauern." — Allein dieser Monismus, der allein aus dem Niederen das Höhere entstehen läßt und dazu noch meint, letzteres könne nun sogar ohne jenes existieren: dieser Monismus, der chemisch Organismen hergestellt haben will und den Unterschied zwischen organischer und unorganischer Verbindung im Grunde aufhebt, ist ein kolossaler Irrtum; er setzt sich an die Stelle des Weltschöpfers und schafft Leben. —

Diese ganze Methode, auf dem Grunde des Staubes, ohne den göttlichen Geist, Unsterblichkeit zu suchen, ist verfehlt und hängt mit dem πρῶτον ψεῦδος zusammen, die Dinge selbst zu erklären, statt bescheiden ihre Erscheinungen und Veränderungen zu kontrollieren. Der Kosmismus, der aus Niedrigem das Höhere von selbst erwachsen läßt, bringt es zu keiner persönlichen Fortdauer. Die Thatsache, wie auf dem Boden des Niedrigen das Höhere ersteht, muß eben erklärt werden und kann logischerweise nur aus einem noch Höheren abgeleitet werden. Nie kann aus Welt — Geist und Gott entstehen! — Auch diese materialistische Psychologie, die nur eine Summe von Funktionen, von Vorstellungen, Empfindungen und Strebungen kennt, diese Summe aber einheitlich vorgehen läßt, ohne diese Einheit je recht erklären zu können, ist unannehmbar. Da loben wir dagegen Herbarts Realen mit ihren Selbstbehauptungen im Verkehr mit andern. — Doch es ist Zeit, daß wir uns zum zweiten, positiven Teile wenden und zeigen, auf welchen Grund das christliche Bewußtsein die Hoffnung des ewigen Lebens baut. —

B.

Da lautet meine erste These: Gott lüget nicht; daher kann das von ihm uns in die Brust gelegte und durch sein Wort und seinen Geist in uns genährte Heimweh nach der besseren Welt so wenig täuschen als der Wandertrieb der Zugvögel nach dem noch nie gesehenen wärmeren Süden, — vgl. Tit. 1, 2; Hebr. 6, 18. 19.

Der Glaube der Menschheit an eine Fortdauer der menschlichen Seele nach dem Tode und an ein Leben in einer zukünftigen Welt ist so allgemein und von den Propheten, Weisen und Dichtern aller Völker und aller Zeiten in einer Weise ausgesprochen worden, daß man wohl sagen kann, er sei von der Gottheit dem Menschen ins Herz gegeben, er sei eine göttliche Verheißung, eine Naturstimme, die so wenig täuschen könne, wie jene wunderbaren Triebe, die der Schöpfer den unvernünftigen Tieren in die Brust gegeben hat, vermöge welcher sie das zu ihrer Existenz Nötige nicht nur suchen, sondern auch finden. Was weiß der Wandervogel von dem warmen Süden, wo er vor dem nordischen Winter Schutz sucht? Er weiß nichts davon und hat ihn noch nie gesehen; aber er folgt dem Wandertrieb und er thut wohl daran; denn dieser führt ihn unfehlbar sicher. So thun die Menschen wohl, die dem himmlischen unausrottbaren Verlangen nach einer besseren Welt glauben und folgen, mehr glauben und folgen als der schwanken eigenen Reflexion, die mehr dem Irrtum ausgesetzt ist als der der Menschheit als Ganzes gegebene Glaube. Wohl giebt es der Ausnahmen von diesem Glauben viele und es werden große Geister und berühmte Namen genannt, die auf ein Leben nach dem Tode verzichtet haben. Allein es sind im Verhältnis zum ganzen Geschlechte immer Ausnahmen, und auch diese Ausnahmen haben geschwankt und hie und da vor dem Ende in einer Weise sich benommen oder revoziert, welche das System ihres ganzen Lebens über den Haufen geworfen hat. Des Heidelberger Paulus letztes Wort war: „Es giebt eine andere Welt." Voltaires Tod ist von seinem Arzte Franchin geschildert worden, der Augenzeuge war und nachher schrieb: „Furiis agitatus obiit. Ich denke nur mit Schaudern daran. Ich wünsche, alle, die durch Voltaires Bücher verführt wurden, wären Zeugen seines Todes gewesen." — Es ist, wie der fleißige Beobachter des Menschenlebens, Cicero, bemerkt: Appropinquante morte anima multo est divinior. (In der Nähe der Todesstunde ist die Seele viel gläubiger.) Nicht diese Ausnahme, sondern die Stimme des Volkes und derer, die ihr wahrhaft Ausdruck gegeben haben, ist da zu beachten, — und diese Stimme giebt allgemein dem Heimweh und der Hoffnung ergreifenden Ausdruck. Sogar Goethe sagt, die Natur sei ihm eine Fortdauer schuldig. Und bekannt und klassisch ist Schillers Lied von der Hoffnung: „Die Hoffnung ist kein leerer Wahn, erzeugt im Gehirn der Thoren; laut kündet's im Innern des Menschen sich an: Zu was Besserm sind wir geboren, und was die innere Stimme spricht, das täuscht die hoffende Seele nicht." Unendlich mehr aus dem Herzen der Menschheit gesprochen als Mignons Lied der Sehnsucht nach dem irdischen Vaterland ist jenes Lied des Heimwehs nach dem wahren Vaterlande, nach der Vollkommenheit und Seligkeit, das Harms gesungen hat: Kennst du das Land, auf Erden liegt es nicht, von dem das Herz in bangen Stunden spricht, wo keine Klag ertönt und keine Thräne fließt, der Gute glücklich, stark der Schwache ist; — Kennst du es wohl? Dahin, dahin, laßt Freunde fest uns richten Herz und Sinn." — Alle diese Stimmen haben ihren Vorgang in jenem gewaltigen Seufzer und Heim= wehton des Paulus in Röm. 8, 17—23, den Schlegel poetisch also wiedergegeben hat: „Es geht ein allgemeines Weinen, so weit die stillen Sterne scheinen, durch alle Adern der Natur; es ringt und seufzt nach der Verklärung, entgegen schmachtend der Gewährung in Liebesangst die Kreatur." Ich will mich hier nicht in Detailschilderungen des im ganzen unbefriedigten irdischen Daseins, der Eitelkeit des Menschenlebens ohne Ewigkeit auf= halten; aber diese Eitelkeit, Vergeblichkeit, Nichtigkeit ist eine Thatsache, die von den Besten und Gefördertsten auch am meisten gefühlt und eingestanden wird. — Cicero sagt: rebus omnibus tentatis nihil invenio, in quo acquiescam (nachdem ich alles durchgemacht und versucht habe, finde ich nichts, das mir Ruhe brächte), und Alexander Severus: Omnia fui et nihil mihi prodest — (Alles bin ich gewesen, und es hilft mir nichts). Auch der berühmte französische Gelehrte Flammarion, Astronom, weiß etwas davon zu sagen. Am Grabe eines M. Marpon hatte er eine Rede zu halten, in der sich u. a. folgende Worte finden: „Marpon glaubte wie viele Menschen nicht an die Fort= dauer unseres Wesens über den Tod hinaus. Er mußte darüber nichts, vor einigen Tagen noch. Vielleicht weiß er jetzt mehr davon. Meine Herrn, wenn dieses Grab das letzte Ziel der Existenz und das letzte Wort von allem ist, so ist die Schöpfung ein Blödsinn, und das unendliche Weltall mit all seinen Sonnen und Monden, mit allen seinen menschenartigen Wesen, allen seinen Lichtern, und allen seinen Hoffnungen weniger zweckvoll als die geringste Handlung des Hundes oder der Ameise; diese Handlung hätte einen Zweck und die Natur im ganzen hätte keinen." — Und wenn man schon gemeint hat, die entbehrte Befriedigung könne in einem mit Liebe und Weisheit schön erfüllten Leben selbst gefunden werden und bedürfe keiner jenseitigen Ergänzung, so hören wir gleich als Zeugen einen Mann, dessen Leben ganz in Liebe und Wohlthun für andere aufgegangen ist, Gustav Werner von Reutlingen. In einem seiner Briefe von 1869 heißt es: „Ich muß bei zunehmendem Alter immer mehr fühlen, wie Unsterblichkeit ein tiefes Bedürfnis der menschlichen Seele ist. Wir sind in unserem Alter in allen Teilen noch solche Anfänger, dürfen nach keiner Seite etwas Ausgereiftes sehen, während doch die Sehnsucht nach Vollkommenem so tief in der Seele ist, daß es ja schrecklich wäre, wenn diese Keime des Göttlichen in uns wieder verwelken müßten; es wird herrlich sein, wenn diese Keime jenseits in ungetrübter Frische sich entfalten dürfen." — Nein! sagen wir — jene Keime dürfen nicht verwelken, sie müssen aufgehen, so wahr ein Gott lebt, der sie gepflanzt hat und der nicht lügt. — Bei solcher Gewißheit verstehen wir bei Ch. Kingsley die sehnsüchtige Erwartung der Todesstunde, die er schon zwanzig Jahre zuvor hegte. „Gott vergebe mir," sagt er, „aber ich sehe ihr mit brennender, wenn schon ehrfürchtiger Wißbegierde entgegen."

Je mehr der innere, geistige Mensch sich entwickelt, je näher er der Stufe kommt, wo er, reiche Lehren aus der Vergangenheit ziehend dieselben verwerten möchte, desto mehr nimmt der äußere Mensch ab (2. Kor. 4) und fehlen die Mittel der Verwirklichung dessen, wozu doch das Leben gegeben zu sein scheint. Diese Dissonanz, sowie überhaupt die Thatsache, daß das Todeslos und die Enge des zeitlichen Daseins dem Menschen schmerzlich zum Bewußtsein kommt, zeigt, daß gemäß diesem unserm Heimweh unsere Bestimmung über die Erde, über diese paar Dezennien hinausgeht. Geht sie aber darüber hinaus, ins Ewige hinein, so wird Gott, der nicht lügt, dafür auch die Möglichkeit schaffen in einem künftigen Leben. — Diese Weissagung hat Gott nicht nur in die menschliche Brust und Natur gelegt, sondern sie liegt der ganzen Religion der heiligen Schrift zu Grunde; denn dieselbe ist vom Anfang bis zum Ende Erlösungsreligion. Diese Weissagung liegt ferner auch der Kunst zu Grunde, die in Tönen, Farben, Gestalten und Worten nichts anderes ist als eine Weissagung der Ver= geistigung der Natur, und daher Empfindungen weckt gleich dem Heimweh nach einem verlorenen Paradiese. Das Schöne und Gute, das im wirklichen persönlichen Leben und Geschick sein sollte, finden wir noch im Reiche der Kunst, — und nur darum kann ein Paulus, kann die biblische Religion diesen Ersatz, diese künstlerische griechische Verklärung des Lebens entbehren, ja unter Umständen als einschläfernde Anticipation von der Hand weisen, weil sie die wirkliche Verklärung erwarten. —

Die zweite These, die wir vertreten, ist: Gott ist gerecht, daher vergilt er in einem andern Leben dem Bösen und rechtfertigt den leidenden Gerechten. — vgl. 2. Theff. 1, 6—10. —

Daß Gott gerecht ist, bezeugt uns das Gewissen und eine Menge von Thatsachen. Daß aber diese Gerechtigkeit in diesem Leben noch nicht zum Austrag kommt, zeigt ebenfalls die Ge= schichte, die Hiobsklage aller Zeiten. Man denke an den Aus= ruf St. Pauli: Haben wir nur in diesem Leben auf Christus gehofft, so sind wir die elendesten von allen Menschen! Man denke an die Thatsache, daß Tausende und Tausende nur in der Hoffnung auf ein höheres und auch zukünftiges Walten imstande sind, die Lieden der Zeit recht zu tragen. O wenn ich die Hoffnung nicht hätte! — wie oft haben wir das schon gehört aus dem Munde manches armen Hiob! In allem irdischen Geschehen Er=

weisungen der Gerechtigkeit, Strafe oder Lohn zu erblicken, davon ist man längst abgekommen; aber weil wir doch an der Ge= rechtigkeit festhalten müssen, festhalten daran, daß der gerechte Gott auch der Gott der Natur und der Geschichte ist, und weil wir an kein Vacuum in seinem Reiche und Regimente glauben können, so postulieren wir für die vollkommene Offenbarung der Gerechtigkeit eine Ewigkeit und sagen mit Klopstock: „Dort wägt die Wagschal in der gehobenen Hand, Gott Glück und Tugend gegen einander gleich; was in der Dinge Lauf jetzt mißklinget, tönet in ewigen Harmonien." — Das Wesen der Gerechtigkeit ist nun Vergeltung und zu schanden werden des Bösen und Rechtfertigung, Sieg und Ruhe für die Guten, — wie St. Paulus in 2. Theff. 1 sagt: „Es ist gerecht vor Gott, zu vergelten Trübsal denen, die euch Trübsal anlegen, euch aber, die ihr Trübsal leidet, Ruhe mit uns, wann er kommen wird, herrlich zu erscheinen in den Heiligen." — „Herrlich in den Heiligen," das ist der Ausdruck für die künftige Offenbarung der Gerechtig= keit im Neuen Testamente. „Die er gerecht gemacht, die hat er auch herrlich gemacht." — Wenn man nun sagt: Immer falle noch schließlich das Schlechte und breche sich das Gute Bahn, — so ist dies immer noch keine eigentliche Erweisung der Gerechtig= keit, wenn nicht der Träger des Guten persönlich Zeuge davon ist, selbst Zeuge seiner Rechtfertigung. Eben dies ist der Sinn jener bekannten Stelle in Hiob 19, 25—27. (Ich weiß, daß mein Erlöser lebt), welche zwar, richtig übersetzt, nicht direkt, wohl aber indirekt eine Beweisstelle für die Fortdauer der Seele ist. „Ich weiß, daß mein Erlöser lebt; auftreten wird er endlich über dem Staube. Ihn, meinen Retter, werd ich schauen, mir zu gut, nicht mehr als Feind." Da ist von einer Recht= fertigung des leidenden Gerechten durch Gott selbst die Rede, so daß der Leidende selbst noch Zeuge dieser Rechtfertigung sein wird. Solche Rechtfertigung findet der Gerechte nicht ohne die Ewigkeit. —

Aus dieser Beziehung der Seelenfortdauer zur göttlichen Gerechtigkeit ergiebt sich von selbst, daß der Unsterblichkeitsglaube von eminent sittlicher Bedeutung ist. Dies findet sich u. a. ausgesprochen in Apg. 24, 15. 16, wo Paulus, nachdem er die Hoffnung auf ein jenseitiges Leben der Gerechten und Ungerechten ausgesprochen, fortfährt: „Darum befleißige ich mich auch, allenthalben und immer und unter allen Umständen (διαπαντος) ein gutes Gewissen zu haben vor Gott und den Menschen." Die Selbstaufopferung in barmherzigem Liebesdienst, wie z. B. Pater Damians und so vieler barmherziger Schwestern, welche der Welt Bewunderung abnötigt, ist eine Frucht nicht der sog. Humanität, sondern des Christentums. Nur im Gebet, im Verein der Rebe mit dem Weinstock konnten diese Früchte der Liebe reifen; nur der Hinblick und die Hoffnung auf das jenseitige Leben können die armen Menschenseelen mitten in dieser vor Augen liegenden Not und Bedrängnis aufrecht erhalten. — Den Zusammenhang des Glaubens an jene Welt mit wahrer und ausdauernder Moralität giebt Hamann mit den Worten an:

Allen Kleinmut eingestellt, — zweifle nicht an beßrer Welt! Alle Trägheit eingestellt, — wirke für die beßre Welt! Alle Selbstsucht eingestellt, — sterbe für die beßre Welt! An kleinen Dingen muß man sich nicht stoßen, wenn man zu großen auf dem Wege ist. — Das Leben aus dem Gesichtspunkte des Todes und den Tod aus dem Gesichtspunkt der Unsterblichkeit betrachten, das ist die Summe wahrer Lebensphilosophie. —

Ein dritter Grund unserer Hoffnung findet sich in folgendem Satze: Gott ist der Lebendigen Gott und vernichtet die nicht, mit welchen er seinen Bund gemacht, um ihr Gott zu sein und sie zu sich zu ziehen. —

Dies ist der Beweisgrund, den der Herr selbst gegenüber den Sadducäern gebraucht. Luk. 20, 37. 38. „Daß aber die Toten auferstehen, darauf deutet schon Moses hin in der Schriftstelle von jenem Busche, wo er den Herrn den Gott Abrahams,

Isaaks und Jakobs nennt. Gott aber ist kein Gott der Toten, sondern der Lebendigen; denn ihm leben sie alle." Der Herr leitet die Gewißheit der Auferstehung aus der Thatsache ab, daß die, die dem Leibe nach sterben, dem Geiste nach leben. Weil nämlich Gott der Gott derer ist, die leiblich sterben, ist es gewiß, daß sie nicht ganz und gar sterben, sondern ihm leben, und weil sie leben, sollen auch ihre Leiber einst auferstehen. — Mit solchen, die der Vernichtung des Todes verfallen, kann der Gott des Lebens nicht in persönlichem Bunde gestanden haben; Gott ist nicht ein Gott von Toten, die es in Wahrheit sind. Wie arg mißbraucht hat doch Vögeli seiner Zeit dies Wort des Herrn, als er unter diesem Titel „Gott ist der Lebendigen Gott, nicht der Toten" einen Band Sadducäerpredigten herausgab! — Was wäre das für ein Bund mit dem Ewig-Lebenden, wenn nachdem durch solche Gottesgemeinschaft der Hunger und Durst nach Gott und nach Vollendung erst recht erwacht wäre, nun das vermeintliche Kind, statt zum Vater zugelassen zu werden und im Sohne seine Herrlichkeit zu schauen und zu teilen, in das finstere Nichts verstoßen würde? Alle die, welche durch den Bund mit Gott Sohnes-Rechte erhielten, haben sich gesehnt, nun auch schließlich in das Sohnes-Erbe eingesetzt, völlig zur Sohnes-stellung erhoben zu werden; sie haben, wie St. Paulus in Röm. 8, 23 sich ausdrückt, gewartet auf die Kindschaft, des Leibes Erlösung, auf Erlösung von der ihnen anhaftenden, ihrem innersten Wesen so heterogenen Knechtschaft der Vergänglichkeit und des Verderbens! Sie fühlten das Stückwerk der Zeit und sehnten sich nach dem Vollkommenen, sehnten sich aus dem Kindesalter hinüber in das Mannesalter der Reife, um abzu-legen, was noch kindisch, und es ganz zu erkennen, was auf Erden noch ein Rätsel war, wie auch nun ganz sich erkennen, von göttlicher Liebe und Kraft sich ganz durchdringen und er-füllen zu lassen! (1. Kor. 13.) Und nun, als Antwort auf dieses alles das Nirwana! Das Nichts! Wenn Nirwana eine

Wohlthat wäre, so kann es nimmermehr eine Wohlthat für solche sein, die mit Gott im Bunde standen, wohl für solche, welche für die absolute Täuschung des Daseins Erholung suchen in einem absoluten Vergehen. Giebt es einen Gott, der unser Gott ist, so giebt er uns nicht ewig den Abschied in dem Momente, wo wir an seiner Pforte stehen, um ihm endlich näher zu kommen. Das macht uns Jean Paul recht anschaulich, der eine sterbende Mutter, nachdem sie von ihren Kindern Abschied genommen hat, also fortfahren läßt: „Nun muß ich vor dem Scheiden von allen meinen Geliebten noch von dem Aller= geliebtesten den bittersten Abschied nehmen, von dir, mein Gott. Ach wie hast du mich geliebt! Alle meine schönen Tage hast du mir aus dem Himmel gesandt, meine Thränen gestillt . . . . O nun muß ich auf immer vergehn und kann dir nicht mehr danken. Du glänzest fort, ich aber werde zu nichte gemacht" (S. Flügel, Die spekulative Theologie. Cöthen, 1881. S. 68 f.). Ein Dichter nennt solches Vergehen im Tode ein Verbluten im Schoße des Ewigen. Andere Aussichten eröffnet die heilige Schrift. „Sind wir Kinder, so sind wir auch Erben, Gottes Erben und Miterben Christi" Röm. 8. „Vater, ich will, daß, wo ich bin, auch die bei mir seien, die du mir gegeben hast, daß sie meine Herrlichkeit schauen, die du mir gegeben hast, denn du hast mich geliebet vor Grundlegung der Welt" Joh. 17. Nicht in Vernichtung und Bewußtlosigkeit, sondern in der Er= lösung und Verklärung des leidensvollen Daseins liegt die Theodicee der ewigen Liebe. — Wohl blühet jedem Jahre ein Frühling, mild und licht; auch jener große, klare — getrost! er fehlt dir nicht! — Er ist dir noch beschieden am Ziele deiner Bahn, du ahnest ihn hienieden, und droben bricht er an (Uhland). Während dem Heiden Horatius der Tod ein aeternum exilium ist, ist er beim Christen die Heimkehr ins Vaterland. —

Wir kommen zu einem vierten Grunde und sagen: Gott heiligt uns durch und durch, nach Geist, Seele

und Leib, und will uns nicht nur innerlich erneuern und erlösen, sondern auch unsern sterblichen Leib lebendig machen durch
das Pfand des Geistes, der in uns wohnt vgl. 1. Thess. 5, 23;
Röm. 8, 11; Ephes. 4, 30.

Zu solcher Hoffnung der Reintegration (Wiederherstellung)
des ganzen Menschen, nach Geist, Seele und Leib haben sich die
alten vorchristlichen Weisen, wie Sokrates, die doch die Unsterblichkeit der Seelen so klar erkannten, noch nicht erheben
können. Ihnen war der Leib, weil sie von keinem andern
wußten als vom jetzigen, nur eine Fessel und der Tod eine
Befreiung von den hemmenden Banden des Geistes. Der Erlöser war noch nicht erschienen und die Erfahrung des Christentums noch nicht gemacht, welches die Erlösung des in die Unnatur der Sünde und des Todes gefallenen Menschengeschlechts
nicht nur verkündigt, sondern auch ins Werk gesetzt und begonnen
hat. Freilich nur begonnen in der geistigen Erneuerung des innern
Menschen, welcher aber mit Notwendigkeit die Erneuerung des
äußeren leiblichen Lebensbestandes folgen muß, so daß der Geist
und die Begabung mit ihm oft im Neuen Testament das Unterpfand der Hoffnung der Herrlichkeit und der völligen Erlösung
heißt. So sehr und so gewiß sind wir durch den heiligen Geist,
der uns mit dem auferstandenen Herrn verbindet und aus ihm
unser Leben nähret, in ein himmlisches Wesen, supra naturam,
versetzt, daß wir an der endlichen Erlösung des Leibes nicht
zweifeln können und den Vätern beistimmen müssen, die gesagt
haben: „Leiblichkeit ist das Ende der Wege Gottes" und „Gott
wird einst aus zweien eins und das äußere und innere in Harmonie bringen." — Und damit wir daran nicht zweifeln, hat
der Erlöser zu seinem befreienden Worte auch die befreiende
That gefügt und Heilwunder an den Leibern derer gethan, denen
er die Sünden vergeben hatte. Beides gehört zusammen, wenn
dem Menschen geholfen werden soll, — das: „Sohn, deine
Sünden sind dir vergeben" und das: „Stehe auf und wandle."

Ja, es heißt sogar Matth. 9, 6: „Damit wir wissen, Sünden=
vergebung sei eine Thatsache, eine göttliche gültige Thatsache,
sprach der Menschensohn: Stehe auf, hebe dein Bette auf und
gehe heim." — Wann einst die letzte Spur des Falles ge=
schwunden, die letzte Thräne vom Angesicht gewischt ist, dann
ist das Siegel der Vollendung auf das Werk der Versöhnung
und Erlösung gedrückt und wir erkennen und preisen den Gott
besser, der uns heiligt durch und durch), nach Geist Seele und
Leib. — Die Heilwunder und Totenerweckungen Jesu, sowie
jene Machterweisungen über die Natur auf und am See Gene=
sareth sind daher nicht nur eine Beglaubigung und Illustration
für sein ganzes Lehren und Auftreten, sondern zugleich eine
Prophetie, daß auch die Kreatur und Leiblichkeit befreit werden
soll vom Dienst des eitlen Wesens zu der herrlichen Freiheit
der Kinder Gottes. Röm. 8. —

Wir kommen zum letzten fünften Satze: Gott
macht, so gewiß Christus auferstanden ist, auch
alle lebendig, die in ihm sind, wie sie in Adam alle
sterben. Das Erste soll vergehen; auch der letzte Feind, der
Tod, soll aufgehoben und alle Thränen von unsern Augen ab=
gewischt werden vgl. 1. Kor. 15, 12—26; 1. Thess. 4, 14.
Wenn man da auf gewisser Seite sagt, es gebe keine Auf=
erstehung, so setzt ein Apostel solcher Behauptung einfach die
Thatsache gegenüber, daß Christus auferstanden ist. Ist ein
einziger auferstanden, so giebt es überhaupt eine Auferstehung,
so ist der Tod nicht das letzte Wort, so ist des unendlichen
Raumes ewiges schreckliches „Schweigen" gebrochen, und wir
sind, um mit einem andern Apostel zu reden, durch die Auf=
erstehung Jesu Christi von den Toten wiedergeboren zu einer
lebendigen Hoffnung auf ein unvergängliches Erbe im Himmel. —
Wir sind vom Todesbann der ersten Schöpfung befreit. Im
ersten Adam ist alles Leben zum Sterben, — im andern, letzten
Adam alles Sterben zum Leben. — Christus unter uns und in

uns ist die Hoffnung der Herrlichkeit, — heißt es in Kol. 1, 27.
— Aber ist denn das, daß Christus vom Tod erstanden ist,
nicht eine fernliegende, und darum anfechtbare und dem Zweifel
zugängliche historische Wahrheit? Ist sie nicht von Anfang an
bis heute bestritten worden? Allerdings — und hierin teilt
dieses wunderbare Geschehnis, womit das ganze wunderbare
Leben, Lehren und Leiden adäquat abschließt, den Charakter des
ganzen Christus, welcher kam, nicht um seine Sache mathematisch
zu beweisen, sondern als Zeichen des Widerspruchs, zum Auf-
stehen und zum Falle. Nicht allem Volke erschien der Auf-
erstandene, bemerkt die Schrift, sondern seinen Jüngern, die
zuvor beim Erniedrigten in seinen Anfechtungen ihm gefolgt
waren, — und was diese Zeugen nun schauen durften, gleichsam
als Lohn des Glaubens, schuf in den anfangs Zweifelnden eine
alles überwindende Gewißheit. Gregor der Große sagt: Von
den Aposteln wurde anfangs gezweifelt, damit wir nicht zweifeln
sollten. Denn in der That bedurfte ihr Zweifel, der Ausdruck
geistiger Nüchternheit, so handgreiflicher, unabweisbarer, unzwei-
deutiger Erweisungen des Auferstandenen aller Art, daß diese
Erweisungen, wie sie uns nun im Neuen Testamente überliefert
und bezeugt werden, zu den historisch am besten bewiesenen
Thatsachen in der Welt gehören. Aber eben weil es eine Thatsache in der Welt, nicht eine Thatsache der Welt oder von der
Welt ist, wird sie nicht geglaubt, und niemand zwingt uns vorläufig, sie zu glauben. — Wir versagen es uns, hier auf die
drei hauptsächlichen Bestreitungen der Auferweckung Jesu von
den Toten näher einzugehen und deuten sie nur an. Die älteste
jüdische Erklärung des leeren Grabes findet sich in Matth. 28,
11—15 berichtet: „Die Jünger kamen des Nachts und stahlen
ihn." Dagegen spricht die römische Wache und der Jünger
Zeugnisfreudigkeit bis zum Tode. — Die heidnische Erklärung der Auferstehungsbotschaft, die zuerst durch Celsus auf-

gebracht wurde, aber auch heute noch spukt, ist: Jesus sei nur scheintot gewesen. Dagegen spricht Joh. 19, 34. 35, das Zeugnis dessen, der es gesehen hat, wie eine Lanze so tief in die Seite Jesu stach, daß aus dem Herzen Blut und Wasser floß. — Die modern-christliche Erklärung, wenn man so sagen darf, ist: Die krankhaft aufgeregte Phantasie der Jünger glaubte bloß, Jesum wieder zu sehen. Dagegen spricht: Der anfängliche Zweifel der Jünger, der nur Beweisen wich; das leere Grab; das „Fünfhundert auf einmal" 1. Kor. 15, 6, und die Erbauung der Kirche auf diesem Grunde. —

Nein, — der Herr ist wahrhaftig auferstanden! Er lebt und wir sollen mit ihm leben! —

Ich sag es jedem, daß er lebt und auferstanden ist, daß er in unsrer Mitte schwebt und ewig bei uns ist. —

Jetzt scheint die Welt dem neuen Sinn erst wie ein Vater= land; ein neues Leben nimmt man hin entzückt aus seiner Hand.

Hinunter in das tiefe Meer versank des Todes Graun, und jeder kann nun leicht und hehr in seine Zukunft schaun.

Der dunkle Weg, den er betrat, geht in den Himmel aus, und wer nur hört auf seinen Rat, kommt auch in Vaters Haus.